下野新聞
子どもの希望取材班
Shimotsuke Shimbun

貧困の中の子ども

希望って何ですか

ポプラ新書
055

下野新聞社写真映像部　野上裕之撮影

プロローグ　子どもの未来考えたい

世界第3位の経済大国・日本に、信じがたい現実がある。

16・3％——。

2014年7月、厚生労働省が公表した2012年時点の「子どもの貧困率」だ。標準的な所得の半分未満の生活困窮家庭で暮らしている、18歳未満の子どもたちの割合を示す。過去最悪を更新している。

少子高齢社会の大きな「希望」であるはずの子ども。その6人に1人が貧困の中で生きている。

食糧がなく飢餓状態に置かれ、命が脅かされるような「絶対的貧困」とは違う。命をつなぐことはできていても、お金がないことで困窮した生活を強いられている。現代社会の大半の人が持っているものや人とのつながり、本来受けられるはずの教育や成長の機会、進学や就職の選択が損なわれている。

ついには「希望」さえも奪われる。

今、大勢の子どもたちが、こうした貧困の渦中にある。それは「絶対的貧困」とは違い、大部分の人と比べた「相対的貧困」と呼ばれている。

かつて「1億総中流」と言われ、その安心感に慣らされた私たちに実感はあるか。

目を背けてはいないだろうか。

◇◇◇

2013年暮れ、栃木県宇都宮市内。

表情にあどけなさが残る16歳の少年は、自宅アパートで就職情報誌をめくっていた。

父子家庭で4人暮らし。父親の収入は不安定だ。少年は高校には進まずに肉体労働の現場で働き、月数万円の給与を全額家計に入れている。

それでも、しばしば食べ物が底をつき、支援者からの援助を待つことになる。だから「少しでも高い時給で働きたい」と思い続けている。

少年の家庭への支援をしている女性が、こう問い掛けた。

「夢はある？」

目を就職情報誌に向けたままの少年がそっけなく答える。

「車」

ためいき混じりに女性が聞き直す。

「そうじゃなくて、将来どんな仕事をしたい？」

「車」

少年は、興味もなさそうにそう繰り返した。

女性は苦笑する。

「車の整備士とか、そういう意味で答えたんでしょうけど。彼にとって夢とは何になりたいかではなく、ただお金を稼ぐためだけの手段なんでしょう」

同じころの日光市内では、すっかり日が落ちて暗い駐車場を中学3年と小学

4年の兄妹が身を寄せ合い歩いていた。

まとわりつく小柄な妹を、背の高い兄が「仕方ないなあ」とおんぶする。ふたりは心地よい満腹感に満たされている。

生活保護を受けて暮らす家庭の兄妹。最低限のお金はあるはずなのに、母親が洋服を買い込んだりしてすぐにお金が底をつく。周囲から責められているような気持ちでいる母親は、精神的に追い詰められ、子育てもままならない。

家計は苦しく、兄妹が家で食事をすることは少ない。

昼食は学校給食。夕食は、ふたりで支援者のもとへ出掛けていき、おなかいっぱいになるまで食べる。翌日の給食まで、何も食べずに過ごせるように。

貧困は子どもたちにさまざまな影響を及ぼす。それは子ども期にとどまらず、大人になったあとも、さらには次の世代にも連鎖していく。

幼少期に親と別れ、児童養護施設で育った宇都宮市の女性(32)がいる。自信、意欲、希望……。成長して大人になるまでに多くのものを失ってきた。女性は結婚した今、「育てられ方による差は、ものすごく大きなもの」と感じている。

◇◇◇

貧困にあえぐ子どもは6人に1人。これだけの子どもが「当たり前」に育つことのできない現実への疑問が、私たち取材班が連載に取り組んだきっかけだ。非正規雇用や離婚、ワーキングプアが増えて久しい。大人を取り巻く環境が変化する中で、子どもは親を、生きるための家を選べない。

貧困状態にあることの責任が子どもにあるはずもない。しかし取材を進めるうちに見えてきたのは、こうした社会のしわ寄せが子どもに向かうという不条理な現実だった。

2014年1月、「子どもの貧困対策推進法」が施行された。「子どもの将来が生まれ育った環境に左右されることのないよう環境を整備する」とうたう画期的な法律だ。理念に実効性をもたせるための政府大綱もでき、

「子どもの貧困」に焦点を当てた初めての対策が動き出そうとしている。
しかし、その中身はまだ十分ではない。苦境にあえぐ子どもに寄り添い、それぞれの子が生まれ持った力を伸ばせるよう、より踏み込んだ政策が求められている。

この新書は、2014年1月から6月にかけて下野新聞紙上で掲載した計60回の連載をベースに加筆した。どうすれば子どもが当たり前に育つことができるのか。連載を通じて、私たちはその答えを探し続けた。

子どもから「希望って何ですか」と問われた時、私たちは答えられるだろうか。子どもが子どもらしくいられるにはどうすればいいのか。一人一人の子どもが自ら未来を選べる社会のあり方とは何だろうか。

きっと目を凝らさないと見いだせない。私たちは子どもの姿を見つめ、これからも考え続けたい。

「希望って何ですか」と。

貧困の中の子ども／目次

第1章 相対的貧困とは

お金がないために本来得られるはずの人とのつながりや機会、文化的活動が損なわれ、進学や就職の選択が制約される……。子どもの可能性を奪う「相対的貧困」とは何か。その影響は。第1章は、現代の貧困の中で子ども時代を生きてきた人の姿を追う。

普通の食卓を知らない

ありふれた食卓。そこにある温もりを今は、かみしめられる。

ポークソテー、サラダ。レンコンのきんぴらに漬物。あとは、ごはんとおみそ汁。

２０１３年12月29日夜、栃木県宇都宮市郊外にある住宅地。白い壁の平屋に若い夫婦は暮らす。

仕事から帰った塩尻《しおじり》真《ま》由美《ゆみ》さん（32）は手際よく手料理を並べる。

「うまっ」

夫（34）が笑顔を浮かべた。

市内のＮＰＯ法人職員である真由美さんは、家族と暮らせずに児童養護施設や里親などのもとで育った人が集うサロン「だいじ家《け》」の代表を務めている。結婚して3年余り。「当たり前」を知るまでに、真由美さんは遠回りした。

◇◇◇

物心ついたころから市内の児童養護施設で暮らしてきた。親の顔、家庭の記憶はない。

周囲を見回しては、「自分は普通じゃない」と思って生きてきた。当たり前の家庭を知らずに育った自分が、今は妻。果たして、「普通」にできているのだろうか。

「彼に迷惑をかけているのかもしれない」

不安にさいなまれ、自らを追い込んでいた。

「家事は完璧に。世間の奥さんみたいに」

新婚のころ、化粧品販売会社でフルタイムで働いていた。

いつも朝7時には床を離れ、出勤前に朝食の支度、洗濯を済ませる。すべての部屋に掃除機をかけ、お風呂もトイレも磨き上げた。

立ち仕事で疲れた足を引きずり帰宅した夜8時すぎ、夕食作りにも手を抜かない。おかずだけで7、8品を用意し、デザートを付けることも忘れなかった。

どんなに疲れていても、就寝まで落ち着いた時間は持てなかった。


結婚して半年ほどたったある日。

夕食の支度をしていると、夫が少し申し訳なさそうに言った。

「カップラーメンを食べたいんだけど……」

驚き、ちょっぴり腹を立て、そして拍子抜けした。夫が言葉をつなぐ。

「たまに簡単なものも食べたい。ていうか、そんなに頑張らなくていいよ」

ずっと、しんどかった。すっと胸のつかえが取れた気がした。

「世間の奥さん」の姿さえ知らなかった。それでも探そうとし、もがいてきた。

「今思えば笑っちゃう。でも普通が分からなかった」と振り返り、続けた。

「みんなが持っているものを持たない。それってほんとうに貧しい」

「お金がない」ということから生じる「相対的貧困」の中で生きるということ。

「その影響はお金だけにとどまらないと思うんです」。

◇◇◇

分岐点は真由美さんが３歳の時。母親、祖母、きょうだいと暮らしていた。

母親は毎晩、仕事で家にいなかった。

ある日、母親からこう話し掛けられた。

「お友だちがいっぱいいるところに行く？」

手を引かれて連れて行かれた場所には、同世代の子どもが大勢いた。すぐに仲良くなって、みんなと夢中で遊んでいると、いつの間にか母親の姿が見えない。

当たり前だったはずのことが次々と失われるのは、それからだった。

母親に手を引かれて行った場所。そこは、さまざまな事情から家庭で暮らすことができない子どもが集団で生活する児童養護施設だった。

真由美さんが当時を思い起こす。

「みじめ、と初めて感じた時をはっきりと覚えているんです」

◇◇◇

幼いころは、施設の中が世界のすべてだった。

5歳だったか、6歳だったか。近隣の幼稚園児たちが、自分たちで収穫した野菜を寄贈するために施設を訪れた時のこと。

普段、接することのない「外の世界」の子どもたち。おそろいの制服に身を包み、女の子たちは長い髪にきれいな髪飾りをつけている。

「なんだか、とってもキラキラしてる」

自分たちはと言えばみんな、着古した「およげ！　たいやきくん」のそろいのプリントシャツ、髪は洗髪や支度をしやすいようにショートカットで切りそろえられていた。

自分たちとはまるで違う身なり。

差し出された野菜を「いらない」と言って拒んだ。

幼稚園児と交代で歌を歌うことも嫌で嫌で仕方がなくて、ふくれっ面になった。

同じ年ごろの子どもたちから施しを受けているようで、胸が苦しくなった。

小学校に上がると、よりはっきりとした「違い」を意識するようになった。

小さな背中に真新しい真っ赤なランドセル。朝、施設から学校までの道のりを集団で登校する。

雨の日。施設の近くに住むお友だちは色とりどりの傘を差して登校してくる。

施設の子どもたちはみんな、支給された黄色い傘。

「私もかわいい傘がよかったな」

文房具も、自分が持っていた鉛筆は緑一色のシンプルなデザインのもの。消しゴムも、ハサミも、定規も、すべて施設でもらった事務用のものだ。

同じクラスの女の子たちは違う。かわいいキャラクターのイラストがあしらわれた鉛筆に、いい匂いがする消しゴム。クラスでは、友だち同士でお気に入りの文房具を交換し合うことがはやった。

◇◇◇

「どうしてかな」。真由美さんは幼い自分に思いをはせた。「周りのみんながうらやましくて、本当は交換してほしかったんだけど……」

どうしても、友だちの輪に入ることができなかった。

いじめられていたわけでも、避けられていたわけでもない。でも、自分と周囲の友だちが「違う」ことだけは身に染みて感じていた。

自分の気持ちを押し込めることに、慣らされていった。

我慢ばかり続けると、「選ぶ」ことや「ほしい」と思うことをあきらめてしまう。

小学生のころのこんな記憶がある。

自分だけのお部屋がほしい。お誕生会に呼ばれたお返しにお友だちを招待したい……。

それらは、友だちがみんな持っていたものばかり。施設の先生に「ほしい」と言ってみた。

「施設じゃ無理」

同じようなやりとりが日々繰り返されると、だんだんと「ほしい」「したい」が言えなくなっていった。「そういうのって、子どもらしくないですよね」と真由美さんが振り返る。

小学校高学年になって、管楽器部に入った。中学生になると、親から高価な楽器を買ってもらう子も少なくなかった。でも真由美さんは「そんなの無理」とあきらめ、小学生のころと同じように、学校にもともとあったユーフォニウムを担当することにした。

高校生になっても大好きな音楽は続けたいと思っていた。でも、楽器は自前で買う必要があり、大会や演奏会に出演する際の遠征費もかさみそう。半ばあきらめつつ施設に相談した。やっぱり「難しい」と言われた。

「お金がかかるから」と大学に進学することなんて考えたこともない。高校は「就職に有利だから」という理由で商業科に進んだ。成績は優秀で、常にクラスで2番。この成績であれば就職先の選択肢は多いはずだったが、どうしても外せない条件があった。

それは「住み込み」であること。

高校卒業後は児童養護施設を出なければならない。高卒の初任給で、ひとりで部屋を借りるのは難しい。課せられた「条件」を考えると、就職先を選ぶ余地はほとんどなかった。

◇◇◇

高校を卒業した後、社員寮のある県外のバス会社に就職し、バスガイドとして社会人生活をスタートさせた。

選びようのなかったその仕事によって、真由美さんは追い込まれていく。朝4時からの勤務。肉体的にもハードな仕事内容に加え、客からのセクハラは日常茶飯事。そのことを運転手に相談すると、「ガイドもろくにできないんだから我慢しろ」と突き放された。

就職して初めての長期休暇になると、同僚たちは一斉に帰省した。でも、自分には帰る場所がない。休暇の間じゅう、友だちの家を転々とするしかない。寂しさばかりが募った。

何より、手にした「自由」に戸惑った。

自分の欲求を抑えて生きてきた施設での15年間。これまで向こう側だった「外の世界」で、突然「これからは自由にしていいよ」と言われても、何をしていいか分からなかった。

急に世界が開けたような気がして、「怖い」とすら感じていた。

周りを見回しても相談できる人はいない。幼いころから集団の中で生きてきた分だけ、孤独が身に染みた。

就職して1年がたったころ。激務とストレスから眠れない夜が続くようになっていた。

「このままじゃ死んじゃう」

でも、仕事を辞めたら寮を出ることになる。自分に行き先は、ない。

施設で一緒に育った同級生たちの顔が浮かんだ。大半は中卒で就職し社会に出ていたが、すぐに仕事を変えることになり、その後は職を転々とした。女の子は風俗嬢、男の子はヤクザになったとのうわさが絶えない。

「私もキャバ嬢とか風俗やるしかないかも……」

もう疲れ果ててた。行き場もない。頼れる人もいない。自暴自棄になりかけていた。そんな時のこと。

「ここに帰っておいで」。差し伸べられた手があった。

真由美さんが高校を卒業するまで暮らした児童養護施設の元職員、石川浩子《いしかわひろこ》さん（53）は、施設を巣立った子どもたちのその後を見続け、知っていた。SOSが出された時は、もう頑張れない時。真由美さんのことをずっと案じ、苦境にあることにも気がついていた。

崖っぷちに立たされていた真由美さん。

「命拾いした」と心底思った。


真由美さんはバスガイドの仕事を辞め、宇都宮市内にある石川さんの自宅アパートで一緒に生活し始めた。

初めは落ち着かなかったが、ふたりの穏やかな時間に癒やされた。

「いつの間にか居心地がよくなって」。そろって出掛ければ親子に見られた。やっとたどり着いた「自分の居場所」。帰る場所がある安心感。少しずつ自分を取り戻していった。

飲食店員、事務職、派遣社員としても勤めた。落ち着いた暮らしを手に入れたことで、再び働く意欲もわいてきた。

石川さんと暮らして3、4年が経ったころ、石川さんが市内にある一戸建てに引っ越すことになった。

ちょうど真由美さんが化粧品販売会社で正社員の職に就いたころだった。経済的にも安定し始め、何となく家を出なくてはいけない気がした。でも、まだ一緒にいたい。

バスガイド時代の孤独が頭をよぎると、どうしても「自立」に踏み出せない。

石川さんが言った。

「あんたも一緒に引っ越すんだよ」

うなずくだけで精いっぱいだった。

石川さんと暮らし始めて7年が過ぎ、自然と言えるようになった。

「私、家を出ます」

穏やかな時間が流れる石川さんとの暮らしを経て、真由美さんはもう孤独への不安は感じなかった。

そして後から気がついた。

「石川さんはずっと、私が言い出すのを待っていてくれた気がする」

26歳。ようやく自立できた。

でも、まだ一つ、大きな気掛かりが残っていた。


当たり障りのないはずの会話におびえ、ずっとうそをついてきた。

置かれた境遇が自らのせいでないことは分かっていた。

「そんな自分がかわいそうに思えて……」

ひとり暮らしを始めた真由美さん。正社員として勤務する化粧品販売会社の仕事も充実していた。お客さんは、真由美さんの親世代が多い。

「お母さんって、何歳ぐらい？」

尋ねられるたび、こう答えた。

「お客さまと同じくらいですよ。一緒に買い物にも行きます」

普通の家庭で育った「うそ」の自分を必死につくり上げた。

「施設出身」と言いたくない。親に必要とされなかったことが寂しく、恥ずかしく、同僚にもひた隠しにした。

そんなころに今の夫に出会った。好きな人にだけはうそをつきたくない。彼と付き合いだして間もなく、自分の過去を打ち明けた。

「おれも自分の家しか知らないし、普通かどうかも分からない」

笑って受け止めてくれた。

この人となら自然でいられる。彼との交際は6年間に及んだ。

◇◇◇

自然と意識し始めた結婚。しかし祝福されるはずの結婚式のことを考えると、気がめいった。

来てくれる人に、「施設出身」をどう伝えるの。それとも伝えないの?

彼の両親は温かく受け入れてくれた。親戚は認めてくれるだろうか。自分の招待客の肩書はどうしたらいいのか。好奇の目にさらされないか。

石川さんに相談すると、「新婦の母親として出席してもいい」と言ってくれた。

でも——。これ以上うそはつきたくない。

同僚たちに式の招待状を渡す時、真由美さんは意を決して打ち明けた。

みんな驚き、店長は涙声で言った。

「どうして話してくれなかったの。それを聞いたって、何も変わらないよ」

思いがけない言葉だった。自分を認めてくれる人が、こんなにも大勢いる。

２０１１年の結婚式。

施設関係者は「恩師」の肩書で出席した。石川さん手作りのウエディングベールをまとい、バージンロードは施設の元職員がともに歩いてくれた。

「おめでとう」。あちこちから上がる祝福の声。

降り注ぐ拍手の中に、背負わされ続けた荷物をようやく下ろせた自分がいた。

玄関を埋め尽くした靴の多さが、にぎやかさを物語る。

2013年12月25日、クリスマスの夜。宇都宮市内のアパートの一室は笑い声で満たされていた。十数人が集まったパーティー。

さまざまな事情から家庭で暮らすことができずに育った人たちが集うサロン「だいじ家」。真由美さんが代表を務めている。

「だいじ家」は、真由美さんと同じような境遇で育った人たちが「ひと息つく居場所」。食卓を囲み、話すともなく話す。自分のことを飾る必要はない。説明すらいらない。

真由美さん自身、「普通」との違いを感じ始めた幼いころから多くのことをあきらめ、繕いながら、懸命に生きてきた。

だからこそ今は支援者として「自分にしかできないこと」を、同じ境遇の人のために役立てたいと取り組んでいる。

「自分を認めてもらえない時間が長すぎると、心が岩盤みたいに固くなっちゃうんです」

真由美さんには、当事者の中におりのようにたまった苦悩が分かる。だから、「だいじ家」では「心が固まる前に、きょうの疲れを取る」ことに心を砕く。

結婚した今、素のままの自分を語れるようになって、ほっとしている自分がいる。なのに、それでも自信を持ちきれないでいる。

「私、『普通』にできてる?」

頑張らなくていいと分かっていても、つい頑張りすぎてしまう。

◇◇◇

真由美さんに尋ねた。

貧困って何だと思いますか?

「連鎖するもの。育ちの違いってものすごくあるでしょう」

この国は「親が稼いだお金で、子を育てるシステム」。でも自分は「税金」

で育った。

そんな境遇の子どもたちが、必ずしも自らが望むように成長できているとはとても思えない。「だからこそ」と訴える。

「税金を払っている以上、その税金で育つ子どもたちにも目を向けてほしいんです。その子たちが望んでもいないのに、ヤクザになったり、風俗で働いたりする姿をおかしいと思ってほしいんです」

望んだように成長できない子どもがいるという現実は、児童養護施設や里親家庭で育つ社会的養護の中で生きる子どもに限った話ではない。「相対的貧困」の中に身を置き、支援が行き届かずに、いろいろなことをあきらめている子どもたちが大勢いる。

かつての自分がそうだったように。

たとえばみんなが1人1円を出したら、一体何人の子が大学に通えるんだろう。そんなことを考える。

「その結果、どんな子どももなりたい大人になれたら、そんな社会ってすごくいいなあって思うんです」

子どもの貧困対策推進法と政府大綱

２０１４年1月17日に施行された子どもの貧困対策推進法は、「子どもの貧困」という文言を名称に盛り込んだ初の法律だ。「貧困対策を総合的に推進する」とする国の責務や、「貧困対策大綱」を策定することを明記した。子どもの貧困率や生活保護世帯の子どもの高校進学率を重要指標として、教育、生活、保護者の就労などの支援策を講じるとしているほか、都道府県にも努力義務を課し、「子どもの貧困対策計画」を定めるよう求めている。

国立社会保障・人口問題研究所の社会保障応用分析研究部長の阿部《あべ》彩《あや》さんは、同法施行を受けて「法が理念法で終わらないために、あらためて子どもの貧困が最重要課題であることを認識すべきである」と強調している。その上で「貧困の連鎖を止めるには教育に限らず全面的な生活の支援が必要だ」と述べている。

子どもの貧困対策推進法（骨子）は次の通り。
▽目的
・子どもの将来が生まれ育った環境によって左右されることのないよう、健やかに育成される環境を整備し、教育の機会均等を図るため子どもの貧困対策を総合的に推進する
▽基本理念
・国と地方公共団体は密接に連携し、子どもや保護者に対する教育支援、生活支援、就労支援、経済的支援などの施策を講ずる
▽基本施策
・政府は、子どもの貧困対策を総合的に推進するための大綱を定める
・都道府県は、子どもの貧困対策についての計画を定めるよう努める

この法律の理念を実現するための鍵を握るのが、２０１４年８月に閣議決定

された「子供の貧困対策大綱」だ。

大綱は、子どもの貧困対策推進法を踏まえて「必要な環境整備や教育の機会均等を図る」とする。支援の方策として教育、生活、保護者の就労、経済の4分野で重点施策を展開するとし、貧困の世代間連鎖の解消や社会的孤立を深刻化させないなど、子どもの貧困問題を満遍なく見渡し、10の基本方針を掲げた。

しかし個々の施策に目を移すと、硬直化した国財政を背景に「現実的にできるもの」を選別して打ち出しており、抜本的な問題改善への道筋は見通せていない。

施策を具体的にみると、教育では、学校をプラットホーム（拠点）と位置付け、福祉機関などと連携した総合的な支援体制を構築するとしたことが特徴的だ。

文部科学省は大綱に沿って、連携の鍵を握るスクールソーシャルワーカーを5年後、全国に現状の10倍となる1万人に増やす考えを示している。人材の質、量の確保は容易ではないが、学校現場からの支援が動き出すことを印象付けた。

また無利子の奨学金制度や低所得世帯の高校生向けの奨学金給付制度を充実させ、幼児教育を段階的に無償化するとし、2015年度の政府予算案にも盛り込んでいる。

ひとり親家庭が子育てと仕事を両立できるよう「就業支援専門員」を配置するほか、困窮世帯の子どもを対象に学習支援事業を実施し、高校中退者の就労を支援する。

指標として子どもの貧困率や生活保護世帯の子どもの大学・専修学校進学率、児童養護施設の子どもの高卒後就職率――など25項目を設定しており、重点施策の効果が上がっているかどうかの検証に役立て、5年ごとに大綱を見直すという。

幅広く施策が並ぶ一方で、関係者から要望の強かった子どもの貧困率削減などの数値目標は掲げられていない。当初、検討されていた返済義務のない大学生向けの「給付型奨学金」の創設や、ひとり親家庭などに向けた現金給付の拡充なども盛り込まれなかった。

経済的な支援は、子どもの生活環境に直接影響を及ぼす。「問題改善への道筋が見通せない」と私たちが指摘するのは、こうした分野での支援でほぼ進展が見られていないからだ。

母子家庭の母親は8割が働きながら、しかし半数以上が貧困状態にある。母子家庭の多くがワーキングプアであることが、日本の特徴になっている。

大綱は就労支援には触れているが、それだけでは解決できない。経済的苦境に直面する親のストレス軽減や子の部活動用品の購入……。現金給付でしか対応できないニーズは確実にある。状況改善への手立てとしてはもっとも有効なはずだ。

厚生労働省の担当者は「財源の問題はどうしてもある。現金給付については奨学金などの他の施策やサービスなどとのバランス、効果を見極めたい」と含みを残しつつも、「すぐに実現できることではない」とも話している。

大綱には、見直しまでの「当面5年」の重点施策が盛り込まれているが、子どもにとっての「5年間」は、私たち大人にとっての5年間と意味合いが大きく違う。従来施策を実施してきた延長線上に子どもの貧困率が16・3％に悪化した現状があることを踏まえると、立ち止まらずにこれまでの「枠」を超える発想が必要なのは明らかだ。問われているのは、国をはじめとした私たち大人の本気度ではないだろうか。

子供の貧困対策大綱の基本方針は次の通り。

1・貧困の世代間連鎖の解消と積極的な人材育成を目指す。

2・第一に子供に視点を置いて、切れ目のない施策の実施等に配慮する。

3・子供の貧困の実態を踏まえて対策を推進する。

4・子供の貧困に関する指標を設定し、その改善に向けて取り組む。

5・教育の支援では、「学校」を子供の貧困対策のプラットホームと位置付けて総合的に対策を推進するとともに、教育費負担の軽減を図る。

6・生活の支援では、貧困の状況が社会的孤立を深刻化させることのないよう配慮して対策を推進する。

7・保護者の就労支援では、家庭で家族が接する時間を確保することや、保護者が働く姿を子供に示すことなどの教育的な意義にも配慮する。

8・経済的支援に関する施策は、世帯の生活を下支えするものとして位置付けて確保する。

9・官公民の連携等によって子供の貧困対策を国民運動として展開する。

10・当面今後5年間の重点施策を掲げ、中長期的な課題も視野に入れて継続的に取り組む。


子どもの貧困に関する指標は次の通り。
○生活保護世帯に属する子どもの高校等進学率　90・8％
高校等中退率　5・3％
大学等進学率　32・9％
就職率
中学卒　2・5％、高校等卒　46・1％
（2013年）

○児童養護施設の子どもの進学率・就職率
中学卒進学率　96・6%、就職率　2・1%
高校等卒進学率　22・6%、就職率　69・8%
（2013年）
○ひとり親家庭の子どもの就園率（保育所・幼稚園）　72・3%
中学卒進学率　93・9%
就職率　0・8%
高校卒進学率　41・6%
就職率　33・0%
（2011年度）
○スクールソーシャルワーカーの配置人数　1008人
（2013年度）
スクールカウンセラーの配置率　小学校　37・6%、中学校　82・4%
※その他教育委員会等に1534カ所配置
（2012年度）
○就学援助制度に関する周知状況
進級時に学校で書類を配布している市町村の割合　61・9%
入学時に配布している市町村の割合　61・0%
（2013年度）

○日本学生支援機構の奨学金の貸与基準を満たす希望者のうち貸与を認められた人の割合
無利子：予約採用段階　40・0％、在学採用段階　100％
有利子：予約採用段階　100％、在学採用段階　100％
（2013年度）

○ひとり親家庭の親の就業率
母子家庭　80・6％：正規　39・4％、非正規　47・4％
父子家庭　91・3％：正規　67・2％、非正規　8・0％
（2011年度）

○子どもの貧困率　16・3％
（2012年）

○子どもがいる現役世帯のうち大人が1人の貧困率　54・6％
（2012年）

第2章　育つこと・生きること

「相対的貧困」はお金がないことだけでなく、子どもの不安を増幅させ、さまざまな意欲を奪うことにもつながっていく。育つ力の源である意欲が失われると、自立して生きていくことすら危うくなりかねない。子どもにとって当たり前であるはずの「育つこと・生きること」。第2章は、その難しさに直面する子どもの姿を追う。

父親代わりの中学生

「お母さん、ちゃんと仕事した？」

冬休み明けの2014年1月上旬。バスケットボール部の練習から帰宅した栃木県央部の中学2年、祐汰《ゆうた》君（14）が居間にいた母親に声をかけた。

「うん。きょうは2時間くらいかな」

一家を支える母親のひろみさん（39）が笑顔でこたえる。

小さな平屋の借家できょうだい3人と母親の4人で暮らす。父親はいない。

「そっか。よかった」

素っ気ない返事をしながら、祐汰君がほっと胸をなで下ろす。

祐汰君の言う「仕事」とは、勤務のことではなく「寝る」こと。会話は、ひろみさんが日中に2時間、昼寝をしたという意味だ。

心身ともに調子を崩したひろみさんは、2013年7月に仕事を辞めていた。月7、8万円程度の傷病手当が一家の生活の糧。

ひろみさんは仕事を辞めるまでの2年間、昼の薬卸会社の仕事と夜の運転の仕事を掛け持ちし、働き詰めの日々を送っていた。

日課になった祐汰君の「仕事した?」の問い掛けは、母親のひろみさんへの思いやり。祐汰君はそんなやりとりが「うれしい」と感じる。

「だって、お母さんが家にいると安心するから」


ひろみさんが昼と夜に仕事を掛け持ちしていたころは、ひろみさんが仕事の合間に用意した夕食を兄妹3人だけで食べるのが日課だった。

でも時折、忙しさから食事が準備されないこともあった。そんな時はお兄ちゃんの祐太君の出番。

「チャーハンがいい」

「オムライスにしてよ」

小学生の弟（11）と妹（8）からリクエストが飛ぶ。

「ちょっと待ってて」

祐太君は冷蔵庫の中を見回しては、そこにある物で作る。

料理の腕に自信はないが、弟と妹は決まって「おいしい」と言ってくれる。

おなかを満たした後はお風呂。そうしたら、弟と妹を寝かしつける。

自分が親代わり。

弟はいつも、寂しさをかき消すように、もの分かりよく布団をかぶった。

反対に妹は小さな手のひらにペットのハムスターを乗せ、「お母さんを待ってる」といつまでも寝ようとしなかった。


祐太君には週2回、部活動の「朝練」がある。

「起きるのがつらくなる」と思っても、ひろみさんの帰りを確認せずに眠ることができない。弟と妹が寝静まってからひとり、待つ。物音のしない、しんとした時間をひとりで待つことが苦しいから、いつもテレビはつけたままにした。子どもだけで過ごす夜は不安ばかりが募る。そうした中で、いろいろなことに対する意欲が揺らいでいく。勉強も手に付かない。

実際、祐汰君の学校の成績は下降線をたどっていた。ひろみさんを待っている間に勉強すればいいのは分かっている。授業がだんだん分からなくなっていることに焦ってもいた。

午前0時を回り、疲れ果てた様子のひろみさんが帰宅した。

父親役から解放された祐汰君。安心して、ようやく眠りにつくことができた。

祐汰君が小学校卒業を控えていた2011年の冬。春からはランドセルを下ろし、詰め襟の学生服姿になる。

でも、うれしいはずのわが子の成長を手放しで喜べない。母親のひろみさんは気がめいった。

制服、体操着、靴……。買いそろえるとなると10万円は必要だ。

「どうしても、お金が足りない」

ひろみさんは薬卸会社で働き、1人で家計を支えていた。

障害のある足に、立ち仕事はこたえる。それでも何とか仕事をこなす。月12、13万円の限られた収入で、祐汰君や弟、妹との暮らしをやりくりする。

どうすればいい？

ひろみさんは何とか用立てられないかと、お金の調達に思いを巡らせる。

生活困窮家庭の子どもに給食費などが支給される「就学援助制度」。申請から支給までに時間がかかり、祐汰君の入学までに間に合いそうもない。

離婚した父親からの養育費は滞っている。いくら考えても、このままでは用立ては難しい。

ひろみさんは昼の仕事に加え、夜も働くことに決めた。

◇◇◇

ひろみさんが新たに見つけた仕事は、運転代行の運転手。昼間の薬卸会社での仕事を終えた後、勤務は朝方まで続く。夜、子どもたちと一緒にいられなくなる。

「でも、制服を買わないわけにはいかない」

背に腹は代えられない。選びようがなかった。

「祐汰、弟と妹の面倒をお願い」

「なんで？」

即座に口をついて出た。ひろみさんから仕事をもう一つ始めることを説明されたが、祐汰君の不安は膨らんだ。

母親のいない夜、弟や妹が熱を出したら、泣き続けたら……。何より寂しい。

「お金が厳しいんだよな」

何となく事情を察した祐汰君が、渋々うなずいた。

その後、ひろみさんは別の運転業務に移ったが、勤務は深夜に及んだ。

このころから祐汰君は物をほしがらなくなった。

誕生日のプレゼントはない。部活で使うバスケットシューズも穴が空いたまま使い続け、お正月もお年玉はなかった。

「ほしいとは思わない」

自然とそう思うようになった祐汰君。ひろみさんに「買って」と言うことがなくなっていった。

ひろみさんは、言葉とは裏腹な祐汰君の胸の内を感じ取っていた。

もちろん、ほしい気持ちはあるだろう。後先を考えず、買うことだけならできる。

「でも、そこにお金を使うなら祐汰たちの進学費用に充てたい」

ひろみさんが昼夜働き始めてから、1年半以上がたった2013年夏。

笑わず、押し黙り、怒りっぽくなったお母さん。祐汰君の目にそう映った。

「仕事を辞める」

ある日、ひろみさんが切り出した。

「やったぁ。これからは夜、お家にいるんだよね」。無邪気に喜ぶ妹。

祐太君は、喜ぶよりもホッとしていた。

働き詰めで、帰ってから靴も脱がずに玄関で寝ることもしばしばあったひろみさん。お金のやりくりで疲れ果てていた。

毎晩、そんな姿を見続けていた祐太君は「もう限界。休んだ方がいい」と感じていた。


「塾に行きたいんだ……」

母親のひろみさんが何とか制服を買いそろえ、中学に入学した祐太君。2013年4月。2年生になり、仕事を終えて帰宅した母親のひろみさんに切り出した。

「無理っ」

短い返答。交渉の余地はなさそうだ。

祐太君の友だちのほとんどが塾に通っていた。でも家計の苦しさが分かっていたから、「それもそうだよな」と心の中でつぶやき、自分を納得させた。

ひろみさんも「行かせてあげたい」と思ってはいるが、経済的にどうしても難しい。駄々をこねない祐太君の気持ちが分かる分、余計に後ろめたさだけが残った。

◇◇◇

家には、祐太君と弟が寝る2段ベッドの脇に勉強机が一つだけある。引っ越して来た時に、大家さんが「お古だけど」とくれたものだ。

ひろみさんが仕事を掛け持ちし、夜に家を空けるようになってから、祐太君が勉強机を使う時間は減った。親のいない夜を過ごす不安から、教科書を広げても勉強が手に付かない。

中学入学時は真ん中くらいだった成績は、下から数えた方が早くなった。勉強をしようと思っても、分からないとイライラして、どんどんとやる気がなくなる。「勉強が難しい」と感じるようにもなった。

友だちから「私立高校はたくさんお金がかかる」と聞いた。相づちを打ちながら、「私立高校への進学は自分には無理だな」と感じた。

小学生のころに抱いていた「ゲームを作る人になりたい」という夢も、「無理かな」と思い始めている。


祐太君が「塾に行きたい」と言って断られてから3か月。仕事を辞めて家にいるようになったひろみさんがある日、いたずらっぽく祐太君に話し掛けた。

「いいところあるんだけど、行く?」

聞けば、1回200円でボランティアの人たちが勉強を教えてくれる場所があるという。

「行くっ」

今度は祐太君が即答した。勉強を教えてもらえるのは月2回。部活動と重なり通える機会はごくわずかだが、うれしかった。

これまでも、折を見て学校の先生や友だちに教えてもらってはいた。その場では理解したような気になるが、結局分からなくなってしまう。

「自分のペースで教えてもらえるから分かりやすい」

何より、分かると思えると自然とやる気がわいてくる。

心身の調子が良くなって、再び母親のひろみさんが働き出せば、また子どもだけの夜が来るかもしれない。相変わらず経済的に厳しい状況は続いているが、少なくともひろみさんが家にいる今は、夜、親代わりでなく祐汰君は子どもでいられる。

「県立高校に行きたい」

希望を口にするようになった祐汰君。

成績はまだ上向かず、焦る気持ちは変わらない。先は見通せない。でも「頑張れそうな気がする」。そう感じてもいる。

揺らぐ夢、昼夜働く女子高生

母親に手を引かれて、よちよち歩く幼い子。自然と、その姿を目で追いかけている。

「かわいい」

アルバイトに行く途中で立ち寄った栃木県北部のスーパーの駐車場。近くに住む定時制高校3年、由衣《ゆい》さん（18）＝仮名＝は頬を緩めた。

「幼稚園の先生になりたい」

遠ざかりそうになるその夢を、今は必死につなぎとめている。

◇◇◇

2013年12月。

深夜に及ぶバイトを終え、母親と弟が寝静まった自宅に帰る。ひとり疲れた体にムチ打って翌朝の食事の支度をする。布団にもぐり込むと、午前4時近くになる。

起床はわずか3時間後。

午前中から夕方まで飲食店でバイトし、そのまま学校へ行く。

夜9時すぎに授業が終わり、午前2時まで、またバイト。日中の仕事とは違う24時間営業の飲食店で働く。土日も休むことなく。

母親は体調を崩してから職がない。生活保護は受けておらず、一家はひとり親世帯向けの手当てや由衣さんの奨学金を頼りに生計を立てている。

由衣さんは高校入学後、15歳の時からバイトをするようになった。月3万～5万円を家族の生活費に充て、残りは自分の将来のために貯める。

幼稚園の先生になるには、大学か短大に進学する必要がある。入学金、授業料……。たくさんのお金がかかるだろう。

働けない母親には頼れない。すべて自分で用意しなければならない。

日中の飲食店の仕事は水仕事が多い。白く細い指は乾燥してひび割れ、無数の赤いあかぎれの跡が残る。働けば働くほど、手は荒れ、四六時中ハンドクリームを手放せない。

この1年くらい、あかぎれが治らない。

「病院に行ければいいんだけど、時間がなくて……」

２０１１年、15歳の春。

「高校には行かせてやれない。ごめんね……」

もっとも恐れていた一言を母親から告げられた。

由衣さんは、全日制県立高校への進学を目指していた。中学の担任も「合格できる」と太鼓判を押してくれた。高校の授業料は無償化され、学費を気にせず進学できる。

しかし、母親には制服代や教科書代が捻出できなかった。

友だちはみんな真新しい制服に身を包み進学する。

「どうして私だけ……。どうして私だけ制服を着られないの」。涙が込み上げた。

由衣さんが小学生の時、両親が離婚した。その後、母親は内職で生計を立て、由衣さんと弟を育ててきた。

ところが由衣さんが中学3年になるころに、母親に内職を発注していた会社が倒産した。

由衣さんは全日制高校への進学をあきらめ、担任に勧められた定時制高校に進んだ。制服がなくて諸費用が少なく、昼間は働いて家計を助けられる。

それでも「全日制に行きたい」と思ってしまう。

毎朝、制服姿の高校生を目にしながら飲食店のバイトに向かう。

「どうして私だけ……」。また切なさが込み上げた。

半年がたち、そんな思いを断ち切ろうとしていたころ母親に言われた。

「お前はずっと全日制に行きたいって言ってたね」

「そうだった？　ごめんね」。由衣さんは謝った。

内職の仕事を失った後、体調を崩して職がない母親は、学校やお金の話になると、決まって「だめなお母さんで、ごめんね」と口にする。

由衣さんは謝られるたびに、「自分1人ですべて、何とかしなければならない」ことを思い知らされる。

もう、母親の「ごめんね」は聞きたくない。だからいつも、先に謝った。

由衣さんがいくら働いても、稼いだお金は一家の食費や日用品に消えていく。

進学する、幼稚園の先生になる、という夢に向けた蓄えは増やせない。

いつか母親に、こう切り出したことがあった。

「私が高校をやめて働こうか」

もう謝られるのも嫌。自分でどうにかすることにも疲れ始めていた。

意外な答えが返ってきた。

「高校だけは卒業しなさい」

中卒で苦労した母親は反対した。でも、すべて由衣さん1人で何とかしなくてはいけない状況に変わりはなかった。


2013年。由衣さんは18歳になってすぐの時期に自動車教習所に通い、運転免許を取った。車を運転できたら、電車やバスより移動時間を短縮できる。今よりもっと長く働けて、もっと稼げるはず。

親類から中古車を借りることができ、バイトへの足は確かに便利になった。

その代わり。

家計を支えながら、自分のために少しずつ貯めた蓄えは、教習所費用25万円を支払って消えてしまった。残高はごくわずか。通帳を見て、焦りが募る。

「このままじゃ将来、何もできなくなっちゃう」

深夜のバイトを始めたのは、そう考えたから。夢をかなえるには、勉強もバイトも手を抜けない。

日々の睡眠は3時間。頻繁に立ちくらみや頭痛に襲われる。登校しても授業に集中できない。

「なぜこんなに働くの。もう仕事は嫌」

精神的にも追い詰められて、学校にもバイトにも行けず、とうとう家に引きこもった。

「このままじゃ卒業できなくなる」

いつしか、夢の実現どころではなくなっていた。深夜のバイトは辞めた。

◇　◇　◇

定時制は4年課程。卒業まで1年余りとなった2014年1月。

「大学か短大に進学して幼稚園の先生になりたい」。その夢をめぐって、由衣さんの気持ちは大きく揺れている。

なかなか貯まらないお金。

ひとり親の母は体調がすぐれないまま家にいる。高校に入ってからずっと、少しでも条件のいいバイトを探しては働いてきた。だが高校生の時給は700円台ばかり。

昼間のバイトは人件費削減のためか、思うようにシフトに入れてもらえない。働けば働くほど勉強する時間が削られるジレンマもある。

「正直、進学は厳しいと思う」

夢をあきらめそうになる自分がいる。

これからかかるのは学費だけではない。今は親類の車を借りているが、いずれは自分で買わなければならない。

2年後の成人式。振り袖のレンタル代を出してくれる人はいないだろう。

進学したとしても、幼稚園の先生として働き口に恵まれるとは限らない。不確実な将来にお金をつぎ込むより、目の前で必要に迫られる物にかけたい。そんな思いさえよぎる。

「自分で何とかしなければ」。学校に通い、自ら稼いだお金で車の運転免許を取ってまで働いた毎日。

「もう疲れちゃった」

葛藤しながら、由衣さんは将来を現実的にたぐり寄せようと、もがいている。新たな道も考え始めた。母親に代わって料理をして、その楽しさを知った。自宅から通える専門学校に入り栄養士になれないか。

進学できるなら、どうしても「昼間の学校がいい」と思う。今の定時制高校にはない学校祭を、今度こそ経験したい。そういう「思い出」をつくれる学生生活を思い描く。

だから何としても、入学時の費用は貯めたい。どんな奨学金を借りて学費を賄おうか。

進学が無理なら就職して、通信講座で資格を取ろうか……。

「ずっと、どうしようか考えてる」

由衣さんは悩みながら定時制の最終学年を迎えた。

学費取り立てに怯え、卒業間近に中退

2度目の挑戦となる高校卒業。その目標が崩れそうに思えた。

「本当に最悪　何のために生きているの」

定時制高校に通う栃木県宇都宮市の未来《みく》さん(20)＝仮名＝は、スマートフォンの通信アプリLINEに書き込んだ。

2013年末の深夜、ひとり暮らしの借家は静まりかえっている。やり場のない思いを、続けてはき出した。

「幸せを望んではいけないのかな……」

市内の医療関連施設で働く。親を頼ることは、できない。

いったん入学した全日制の高校を中退し、1年半後の2013年春、今通っている高校に入り直した。前の学校の単位も認められ、1年で卒業できるはず。支えてくれる職場の上司、同僚が応援してくれる。「自立して生きていくためにも、まず高校を卒業しようよ」。近くに住む祖父（76）からも「今が人生の正念場」と言われる。

「みんなの期待に応えたい」といつも考えてはいた。

それなのに……。

たびたび学校を休んでしまい出席日数は不足気味。卒業できるのか不安で学校に問い合わせると、「年明けでないと何とも言えない」と告げられた。

登校しようとすると、おなかを壊したり、じんましんが出たり。原因は自分でも分からない。仕事も休んでしまう。施設長の女性(68)は「出勤すれば、しっかり働けるのに……」と首をかしげた。

未来さんは、仕事の日は朝から入所者の食事介助や身の回りの世話をする。午後からは高校生になる。

授業が終わるのは早くても夜8時すぎ、帰宅は深夜。疲れは抜けなかった。

「突発休」は給料に響いた。１月は普段の半分の４万円ほどしか入らなかった。光熱費、携帯代……。これでは支払いもままならない。お風呂に湯を張らなければ、ガス代が月３千円浮く。節約することが日常茶飯事になっていた。

高校を卒業したいのに、学校を休む。働かないと生活は立ち行かないのに、仕事を休む。

まるで自分で自分を追い込むかのような未来さんの姿。母子家庭支援に取り組み、未来さんを見守る氷室初音《ひむろはつね》さん（47）の目には、こう映った。

「休むのは、体の疲れというより心が追いついていないのかもしれない」

氷室さんは、未来さんの子ども時代に思いをはせた。

「普通なら耐えられないような境遇で生きてきたから」

◇　◇　◇

「目の前のことをやらなきゃ」。そんな思いとは裏腹に、未来さんの体が悲鳴を上げるようになったのは中学生の時。

両親が離婚し、母親（44）、年の近い妹弟と暮らすようになった。稼ぎ手だった父親がいなくなり、生活は困窮した。そのころから感じていた。

「自分は誰からも必要とされていないのかな」


中学校時代の楽しい記憶は一つもない。

母親は生活保護を受けながら、スーパーで働いた。車を手放し、外食もほとんどしない。忙しい母を気遣って、毎晩、夕食を作るのが未来さんの役目になった。

小学生の時、学年が上がるたび千円ずつ増えた月のお小遣いは、両親が離婚してからなくなった。それを知ってか知らずか、同級生たちはささやいた。

「未来はお金ないから遊びに誘わない方がいいよ」

「いつも同じジャージーばっかり。洗ってないんじゃない」

小学生のころから親しかった友だちからも、距離を置かれる。

「未来と仲良くすると、自分まで仲間外れになる」

友だちのそんな胸の内が透けて見えた。

頼れる先生もいない。いつしか教室にも、友だちの輪にも入れなくなった。学校にはもう、居場所がない。

次第に体調を崩す日が増えた。突然発熱する。差し込むような胃の痛みに襲われる……。余計に学校から足が遠のいた。

家では、母親とささいなことで、すぐ口論するようになった。

母もまた、ひとり泣いていた。言いすぎた自分を責めたのだろう。離婚し、子ども3人の生活費や学費をひとりで工面するようになってから、涙を流す姿を初めて目にした。

「よっぽど、つらいんだな」

そう思うと、学校に行けない理由をますます切り出せない。母はうすうす感じていたはず。それでも「学校に行きなさい」と強く促した。またけんかになった。

「未来の気持ちなんて知らないくせに……」

そう言い返すのが精いっぱい。

「もう誰にも必要とされていない」

いつしか、そう感じるようになった。家の中でも、孤独感に押しつぶされそうになった。


高校には進まず、働くつもりだった。入学するだけでもお金がいる。またつらい場所になるかもしれない。

転機は中学2年の冬。

未来さんと同じように学校になじめなかった同級生の女の子と出会い、その子の行くフリースクールに通うようになった。悩みを分かち合える仲間、自分を理解してくれる先生に囲まれた。

1年後、フリースクールの友だちが高校へ進学すると聞き、気持ちが揺れ出した。

「何かあったらここへ来ていいんだから」。先生のひと言で進学を決意した。楽しいこともあるかもしれないと期待した。「今度こそ」と。

交換したノートは10冊を超える。

「あのころ楽しかったなあ」

２０１４年１月末深夜、栃木県宇都宮市内の借家。定時制高校の授業を終え自宅に戻った未来さんが、うれしそうにページをめくる。

交換の相手は前に通っていた全日制私立高校での担任、真田《さなだ》守《まもる》先生（38）＝仮名。今も連絡を取り合っている。

５年前、未来さんは真田先生のいる高校へ進学した。数十万円の入学金は困窮する母親だけでは用意できず、親類に頼った。

中学校では友だちの輪に入れず、学校に行けなくなった。孤立した。

「高校では大丈夫かな……」

不安を抱えて入学した。担任になったのが真田先生だ。

未来さんを受け持ってすぐ、真田先生は「何か悩みがある」と感じた。

近寄って来るのに何も言わない。「相談に乗るぞ」と声を掛けても、胸の内は口にしない。

それならば、とノートの交換を始めた。

「学校はどうだい？」

「迷惑をかけないようにがんばります」

好きなアイドル、食べ物、クラスメートと仲良くなれた、初めて愛称で呼ばれた……。日々やりとりした文面には、周囲から好かれていることを喜び、学校を楽しんでいる未来さんの姿がつづられていた。

ある時、いつもとニュアンスの違うフレーズに真田先生の目が止まった。「きのう、お母さんとちょっとけんかしちゃって」

やはり、つらいことを聞いてほしいんじゃないか。

「無理しないで」「自分らしく」。その都度、エールを送った。

未来さんは、真田先生からの返事が何より楽しみだった。

生活は変わらず困窮していた。月1万円の学費を払えず滞納した時は、授業を受けさせてもらえない。保健室や図書室にぽつんとひとりでいると、真田先生はいつも声を掛けてくれた。

先生は一番の味方だった。

ところが2年生の終わり、真田先生は家の事情で学校を退職してしまう。


「お金は？」

未来さんは学年主任から直接、滞納していた学費の支払いを迫られるようになった。学校で顔を合わせるたび、友だちの前でも呼び止められた。

嫌で嫌で仕方がなかった。

でも、味方はもういない。

3年生になり、仲良しの子もクラスにいなくなると、未来さんは学校に行かなくなった。

ピンポーン、ピンポーン。

ある日、学年主任と担任がふいに自宅を訪れた。大きな声で高校名を名乗りながら、呼び鈴を押し続ける。

学費を数カ月分滞納していた。母親は部屋で声を潜め、未来さんはヘッドホンを付けて布団にもぐりこんだ。

大きな声があたりに響き続ける。

「借金取り立てみたい」

払えるお金はない。ただ、声が止むのをじっと待つしかなかった。

もう限界――。追い込まれた未来さんは、高校を中退した。卒業まで半年だった。

「本当にごめんなさい」

２０１４年２月。未来さんは、中退後に入学した定時制高校で携帯電話のメールを打っていた。

高校を卒業するという一番の目標が、今にも崩れ落ちそうだった。

「一体、何が……」

メールを受け取った祖父と支援者の氷室さんが、学校に駆け付けた。

未来さんは学校から卒業できない可能性もあると告げられ、泣きはらした顔でうつむいていた。

両親の離婚、生活困窮、全日制高校の中退……。未来さんは苦しい思いを重ねてきた。

卒業に必要な単位の取得に漏れがないか、最終確認を急いでいた先生が、結果を待っていた未来さんの元に歩み寄った。

「何とか卒業できそうです」

ほっとして、また涙が止まらなくなった未来さん。祖父と氷室さんも胸をなで下ろす。

未来さんにとって、高校卒業は自立への第一歩。支えてくれたのが、祖父母や氷室さん、今の高校への進学を勧めてくれた上司の施設長女性だった。

未来さんが宇都宮市内の医療関連施設で働き出したのは２０１２年夏。

施設長らも自身の経験から、母子家庭の厳しさを身に染みて知っている。手を差し伸べずにはいられなかった。

当初、未来さんはたびたび無断欠勤した。そのことで、周囲に掛ける負担にまで考えが及ばなかった。そんな姿に同僚たちから疑問の声が上がり始める。

施設長は未来さんの子ども期の厳しい環境を思い、呼び掛けた。

「人が育つのには時間がかかる。高校を卒業するまで、できる限り見守ろうよ」

この呼び掛けから職場の空気は少しずつ変わっていく。

仕事を終え、未来さんが学校へ向かう時、職場の人たちはいつも温かく送り出してくれるようになった。仕事の厳しさ、社会のルールも一から教えてくれた。

周囲の温かさ、優しさに触れ、未来さんは期待に応えたくなった。

これまで何かをやり遂げた次の日は決まって熱を出してきた。原因は自分でも分からないけれど、高校最後の授業を終えたら、今度もまた体調を崩してしまう気がする。でも「突発休」は職場に迷惑が掛かる。それは嫌だから、事前に休みを取ることにした。

当たり前のことかもしれない。でも、かつての未来さんにはできなかったこと。この1年半で周囲への気遣いができるようになった。

1月、市内各地で成人式が行われた。でも、二十歳になった未来さんは出席していない。不登校になった中学時代の記憶がよみがえり、同級生が集まる会場に足を運ぶことができなかった。

そのことを知った氷室さんは、未来さんだけの成人式を2月下旬に計画した。

「生きていれば、いいこともあるんだな、って感じてほしいから」

氷室さんはかつて自分が着た振り袖を用意した。未来さんが試しに袖を通すと、自然と笑顔がはじけた。

高校を卒業したら、勤務する日は増え、今までのようには大目にはみてもらえないだろう。

自立できるのか、不安は消えない。でもたくさんの人に支えられ、ちょっぴり自分に自信を持てるようになった。

自分の足で進めるようになりたい。

一歩ずつ、一歩ずつ。

第3章

奨学金と貧困

奨学金は経済的理由で進学を断念することのないよう支援することが目的だ。教育の機会均等を確保し、貧困の世代間連鎖を防ぐ重要な切り札の一つとなる。しかし近年、有利子の貸与型が拡大し「借金」として卒業後の若者の足かせになっている。第3章では、奨学金の現状や課題、制度の在り方を探る。

父の死、「普通」の暮らし一変

「貧困の連鎖を断ち切れ！」

「子どもの未来は日本の未来だ！」

2013年12月15日、東京・渋谷のビル街。若者約400人のシュプレヒコールがこだました。

栃木県小山市の私立大1年小河原《おがわら》沙織《さおり》さん（19）も、プラカードを手に声を張り上げた。

「給付型奨学金制度を作ろう！」

親を亡くした学生らによる「あしなが育英会」のデモ行進。成立から半年たっていた「子どもの貧困対策推進法」の早期施行を求めた。法律は、子どもの将来が生まれ育った環境によって左右されないよう「教育の機会均等」を掲げる。

沙織さんは、返済の必要がない「給付型」の奨学金実現に関心を寄せていた。

沙織さんは福島県西郷村の実家を離れて、ひとり暮らしをしている。学費、生活費……。いつも頭のどこかで、お金のことを考えてしまう。

育英会から借りる月４万円の奨学金は、４年間で総額約２００万円近くになる。奨学金は返済不要の「給付型」ではなく「貸与型」であるため、卒業後20年間かけて返さなければならない。

大卒でも安定した仕事に就けるとは言い切れない時代。社会に羽ばたく時から、既に「借金」という大きなハンディを背負う。

そう分かっていても、奨学金がなくては大学進学はかなわなかった。

実家の家計は、時給８００円にも満たないホテル清掃のパートで働く母親の順子さん（57）が支える。年間90万円を超える大学の授業料は、限られた蓄えから出してくれる。

「お母さんばかりに頼るわけにはいかない」

奨学金はアパートの家賃に消えていく。食費や光熱費は月3～4万円。週3日、夕方から5時間ほどコンビニでアルバイトをして生活費を賄う。

「もっと稼げれば……」と思う。でも、しっかり勉強して母親の期待に応えたい。これ以上バイトしたら、疲れて授業に出られなくなる。

奨学金を借りている学生は多いが「返すのは親だし」と言う友だちもいる。そのたびに、沙織さんは「自分とは違う」と感じる。


渋谷でのデモ行進から5日後。国は2014年4月に低所得世帯の高校生向けの「奨学給付金制度」を設けることを決めた。

「よかったあ」。そのニュースを知った沙織さんは目を大きく開いて、わがことのように喜んだ。

「私も高校の授業料無償化に助けられたから」

無償化は2010年4月、ちょうど沙織さんが高校に入学した時に始まった。

その時はまだ、無償化のありがたみを感じていなかった。

あの日、父が亡くなるまでは。


現実として受け止められなかった。

沙織さんが、故郷の福島県内の県立高に入学した2010年の夏。学校まで車で迎えに来てくれた母親の順子さんがハンドルを握ったまま、ぽつりと言った。

「お父さん、がんだって」

後部座席に乗り込んだ沙織さんには、母の表情は見えなかった。すぐに意味をのみ込めない。手術したら治るはず。そう信じたかった。

入院した父親の栄吉さんの病は少しずつ、確実に進行した。

元気なころ、居間で宿題をする沙織さんにちょっかいを出した、ちゃめっ気たっぷりの父親。病でやせていく姿を見るに堪えず、見舞いの足は遠のいた。

2011年3月5日。栄吉さんは55歳で旅立った。

沙織さんは3人姉妹の末っ子。家族5人は、娘たちが大きくなるまで並んで床に就いた。

工場勤めの栄吉さんは土日の出勤もいとわず、よく働いた。年に1回は娘たちを山や海、東京ディズニーランドへと連れて行ってくれた。

「普通の家族で、苦労なんてなかった」

沙織さんが「普通」と思っていた暮らしは一変した。

残された母娘4人の生活は、母親のパート収入と遺族基礎年金で賄うことになる。父親の退職金などの限られた蓄えを、日々消費するわけにはいかない。

「もう一つ仕事をしようかな……」と漏らした母親。しかし体は持たない。

一番上の姉は有利子の奨学金を借りて東京都内の私立大に通い、ひとり暮らし。バイトで生活費を稼ぐ。

二番目の姉と沙織さんは高校生だった。高校授業料は当時の民主党政権下で無償化されていた。「ありがたいね」。ほっとした母親の姿を目にして、沙織さんも胸をなで下ろした。

上の姉は大学を卒業して都内で派遣社員として働き始め、下の姉は高卒で地元に就職した。ふたりとも、実家を支えるゆとりはない。

沙織さんは母親に余計な負担を掛けまいと、片道10キロの通学路を、雨の日も雪の日も、自転車をこいで通うようになった。


高校3年になった沙織さんは、卒業後の進路に悩んでいた。

進学したい。でも就職して、家計を支えた方がいいかもしれない。

悩んだ末、「より安定した仕事に就くために大学へ行く」と決めた。母親も賛成してくれた。

だが今度は、大学選びに悩んだ。自宅から通える範囲に大学はなく、実家を離れて暮らすことになる。授業料だけでなく、家賃や光熱費などの生活費まで考えなければならない。

「こんなにお金が掛かるなんて……」

初めて「お金」の問題に直面した。

「何かあったら親に頼ればいい」。父親が生きていたころは、当然のようにそう思っていた。でも、もう父はいない。精神的な支えだけでなく、経済的な支えをも失ったことによる不安が、徐々に忍び寄ってきた。


沙織さんの夢は、薬剤師になることだった。だから高校では迷わず理系に進んだ。

薬学部は6年制。進学すれば学費がかさむ。「もう無理」と、薬剤師の夢は大学受験を前に選択肢から外した。

代わりに公認会計士などの資格を取得して働こうと、経営学部を目指した。それでも、お金は必要だ。学費の安い国立大学は狭き門。私立大へ進む可能性が大きい。

高校の先生が、奨学金制度を紹介してくれた。

しかし返済不要の「給付型」はわずかで、学力や進学先によってさまざまな条件が求められる。後に返済しなければならない「貸与型」はほとんどが有利子。とても借りられない。

沙織さんは、病気などで親を亡くした学生が、無利子で借りられる「あしなが育英会」の奨学金を選んだ。

高校では親しい友達にも父親が亡くなったことを話さなかった。周囲には、ほかに親を亡くした友達は見当たらない。話せば友達は反応に困るだろう。

「気を使わせてしまうのも嫌だったから……」

だから、父親が亡くなった後の不安を打ち明けることもなかった。

２０１３年、大学に入って初めての夏休みに、群馬県で開かれた育英会の高校生や大学生の「つどい」に参加した。全国の奨学生との交流が始まった。

「父親が借金を抱えて自殺した」

「きょうだいの教育費を確保するために自分は進学できない」

「大学の授業料を払うために、バイトばかりしている」

沙織さんは、そんな環境に置かれた仲間たちの悩みに触れた。

「私だけじゃない」。押し込めていた気持ちが解き放たれるようだった。


2013年末、福島県西郷村の実家に帰省した沙織さん。食卓に置いたのし板の上で、つきたての餅を両手でくるくると丸めていく。

正月の鏡餅作りは、沙織さんの年の瀬の役目だ。

母親の順子さんが目を細め、語り掛けた。

「沙織が積極的になったって、お姉ちゃんが驚いていたよ」

居間のこたつの上に、沙織さんが参加したあしなが育英会の「遺児と母親の全国大会」の資料が置いてある。

「子どもの貧困対策推進法」成立を強く後押しした大学生らが集まった大会。沙織さんは実行委員を務め、デモ行進で声を張り上げた。

「子どもの貧困を、まだ知らない人が多いと思うんです。同情じゃなくて、まず知ってほしい」

あしなが育英会の奨学金を借りている全国の高校生の過半数は、教育費の不足から進路変更や進学断念を余儀なくされている。その大半は、親を病気などで亡くした「ひとり親家庭」で、平均月給は13万8千円足らず。育英会が2013年11月に、高校奨学生の保護者に行ったアンケート結果は、経済的理由から将来の選択肢が狭まる「子どもの貧困」の深刻さを浮き彫りにしている。

特に教育費の不足による影響は大きい。教育費よりも家計を優先せざるを得ないために「子どもが進学を断念した」と回答したのは18・8%。「進路を変更した」と回答した32・5%と合わせて51・3%を占めた。「学習塾に通わせられなかった」との回答も42・2%に上った。

高校卒業後の子どもの進路は、26・9%が「就職」と回答。このうち過半数の52・9%が、「進学したいのに経済的理由で断念した」という。この割合は前回2011年の調査と比較して13・2ポイント増加した。

教育費以外の日常生活でも「十分なお小遣いやお年玉をあげられない」

（59・8％）「洋服や靴などのおしゃれ用品を買ってあげられない」（45・3％）などの制約もあった。

働いている保護者は74・7％を占めたが、このうち「非正規雇用」が57・7％で、2011年に比べ3・7ポイント増えた。一方「正規雇用」は30・8％で、2・6ポイント減った。

調査に関わった筑波大大学院の樽川典子《たるかわのりこ》准教授（社会学）は「子どもの貧困は、お金がないために人間としての可能性を奪われる剥奪状態が問題」とした上で「家計を考慮して就職を希望する遺児の比率が高く、将来の職業に関する可能性が奪われている」と指摘している。

2人に1人が〝借金〟

最大で627万円。

「額を見ると、うわって思う」。栃木県南部の私立大3年奥山未菜《おくやまみな》さん（21）が、奨学金を返済する総額だ。返済期間は卒業後、20年に及ぶ。

「ちゃんと就職できれば、返せると思うけど……」。就職先は決まっていなくても、返済することだけは決まっている。

奨学金月9万円のうち、4万円は「あしなが育英会」の無利子奨学金。残り5万円は日本学生支援機構からで、利子がある。

高校時代を含め、大学卒業までに借りる元金は計560万円。返済額は利子で膨らむ。

幼いころ父親を亡くした。母親はパート収入と遺族年金で家計をやりくりしている。生活は厳しいが、大学進学に賛成してくれた。

奨学金は年約100万円の授業料に使う。実家より大学に近い祖父母宅に下宿して家賃を浮かし、アルバイトをして通学費や教科書代を賄っている。

◇　◇　◇

「借りないと大学に行けない」。そんな学生が増えている。

日本学生支援機構などによると、大学進学率が上昇する一方、景気低迷の影響で家計収入が減少し、奨学金を利用する大学生の割合は1998年度以降の

12年間で倍増。2010年度は51％となり、2人に1人を占めるまでになった。

授業料と入学料を合わせた初年度納付金は、国立大で約82万円（標準額）、私立大平均で約132万円（2012年度）。授業料は30年前と比べ国立は倍以上に、私立は約1・8倍に膨れあがった。

奨学金問題対策全国会議事務局長の岩重佳治弁護士（東京）は「学費が低く大学に進学しない人が多かった時代とは違う」と強調する。「学費は物価上昇率をはるかに超えて高騰した。一方、家計収入は減少している。大学に行くとなると、奨学金という『借金』に頼らざるを得ない状況に追い込まれている」

学費高騰の要因として挙げられるのが、大学への補助金など教育に対する公的支出の削減だ。

経済協力開発機構（OECD）によると、2010年の日本の公財政支出に占める教育費の割合は9・3％で、32カ国中31位と低い。一方、大学など高等教育に対する私費負担は65・6％で30カ国中4位。教育分野への税金の投入が少ない分、学生側の負担が大きい。

岩重弁護士が訴える。

「日本には利益を受けた学生が費用を払う『受益者負担』の考え方がある。しかし教育は社会の人材を育てている点で、受益者は社会全体となるはず。教育の機会均等を目指すというのなら、税金を使ってやるべきだ」

大学進学率は２０１０年度、過去最高の54％を記録した。若者は少しでも安定した職を得ようと大学進学を目指す。国立大定員が抑制される中、進学者の多くが学費の高い私立大に入る。こうした事情も、私費負担の割合を押し上げている。

返せないから、借りない

借りたくても、返せないから借りない。借りられないから進学をあきらめる高校生がいる。

２０１３年11月、宇都宮市内で開かれた高校生対象の合同就職面接会の会場。

「奨学金を借りて進学しても、就職できなかったら返せない。そんなことになるなら、借りないで就職した方がいいと思って……」

面接を終えた定時制高校の男子生徒（19）は廊下のソファーに腰掛け、うつむきながら話した。自動車整備の資格が取れる専門学校への進学を希望していた。だが後に続く弟たちもいて、親からは「進学するなら全部自分で払って」と告げられたという。

引率の教師が言う。「給付型の奨学金を受けられるのは各校で1人くらい。貸与型でも無利子枠は人数制限がある。本当に厳しい状況です」

子どもの貧困対策推進法が掲げる「教育の機会均等」。経済的に苦しくても進学をあきらめずにすむよう、学ぶ意欲を支えるはずの奨学金は、その本来の目的を果たしているとはいえない状況にある。

非正規雇用が増え、大卒でも安定した職に就けないリスクが高まる時代。大卒までの奨学金利用が500万円を超えるケースもあり、返済の滞納が後を絶たない。

栃木県下野市内の飲食関連会社に勤める男性（27）は大学時代に総額240

万円の奨学金を借りた。社会人になって４年。勤務先は約30キロ離れているが、学生の時から家賃４万円のアパートに住み続けている。これ以上、家賃にお金は掛けられない。

手取りは月約17万円。光熱費や食費、携帯代、車の維持費も掛かる。さらに約１万３千円の奨学金の返済がある。切り詰めても１万～２万円が残ればいい方だ。

返済期間はまだ10年以上残る。男性は打ち明ける。「今は正社員だから返せている。でもこの先、すべて払い切れるか不安はある」

国内の奨学金支給総額の約９割は、日本学生支援機構（旧日本育英会）が担う。すべて貸与型だ。機構によると、期限を過ぎた未返済額は２０１１年度末で過去最高の約８７６億円となり、５年間で45％も増えた。

文部科学省によると、機構の奨学金事業規模は、２０１２年度までの15年間で４倍以上の約１兆１２００億円に急拡大。増加分の大半は利子がある奨学金で、13倍に増加した。奨学金の無利子枠は限られ、有利子枠が拡大したことで返済の負担も大きくなった。

機構は「奨学金は無利子貸与が基本」としながらも「可能な限り多くの支援のため、政府資金だけでなく民間借り入れも原資としている」と説明。「原資調達時の金利を、そのまま奨学金の金利に適用している」という。

現在の奨学金制度について、岩重弁護士は「戦後『奇跡の復興』を遂げた時代の経済成長を前提にしているが、もうそれは崩れている」と指摘する。

雇用環境の悪化で返済も難しさを増している。返しても延滞金や利子に消え、元金が減らないことも少なくない。

「返済猶予など救済制度も不十分な半面、回収は強化された。こうして苦しい人はさらに追い詰められ、結婚や職業など人生の選択肢を失いかねない。自力ではどうにもできない、構造的に生み出された被害者なんです」

第4章

重なる困難　差し伸べる手

経済的困窮の中、毎日の衣食住すら脅かされている子どもがいる。基本的な生活習慣や学力が身につかない。不登校になることも、いじめに遭うこともある。やがて、社会とのつながりを持てなくなり孤立していく。幼いころから貧困にさらされるほど、困難はより積み重なっていく。第4章は、手を差し伸べる支援者と変わっていく子どもの姿を追う。

「トイレのない家」、おむつがとれない小学生

衣食住すらままならない日々を越え、つかんだ春。

2014年3月12日、午前10時ちょうど。

まだ雪が残る栃木県北部の県立高の一角で、合格者の受験番号が掲示された瞬間、小さく声をあげた。

「あった」

県北部の中学校に通う佑樹《ゆうき》君(15)=仮名=が、左腕にしがみついた母親

（40）と顔を見合わせる。

かつては入試に挑戦することなど考えもしなかった自分が、全日制普通科に合格できた。「信じられない」。目を見開いた。

小学校低学年のころから、「学力」を理由にいくつかの教科の授業を特別支援学級で受けてきた。

「もともとは普通に力のある子なんですよ」

佑樹君の生活支援をしている日光市のＮＰＯ法人「だいじょうぶ」代表の畠《はたけ》山由美《やまゆみ》さん（53）はそう感じてきた。

「ただ、子どもが普通に育つ環境がなかったんです」

兄と妹がいる母子家庭。幼いころから生活保護を受けて暮らしてきた。保護費は月十数万円。しかし支給された途端、滞納した家賃を支払ったり、母親が家族の服を買い込んだりし、すぐに底をついた。

母親は家にいたが、十分に家事ができなかった。

佑樹君が小学6年生になった2010年春。4歳上の兄は定時制の高校生、妹の奈津美《なつみ》ちゃん（10）＝仮名＝は小学校に入学した。

小さな背中に真新しいランドセルを背負う奈津美ちゃん。1年生になっても、おむつを外せないでいた。

トイレは、家にないも同然だった。

水道料金の支払いが滞り、水が出ない。トイレットペーパーもない。奈津美ちゃんは、トイレに座ることさえも知らなかった。

家に飲み物がなければ、奈津美ちゃんたちは近くの公園の水道でのどを潤した。佑樹君は便意を覚えると、公園のトイレに向かった。

しんと静まり返る夜の公園。蛍光灯がつかず、兄にドアの前にいてもらい用を足す。

「そこにいるよね、ね」

不安だから、ずっと話し掛け続けた。

このころ、畠山さんは佑樹君たちの窮状を知った。

家の中に入る時も、靴を脱がない。

玄関の扉を開けると、脱ぎ捨てられた衣類が台所に山積みにされている。佑樹君たちが住むアパートの一室。幼いころから生活保護を受ける家庭で育った佑樹君は、土足のまま「山」を踏み越え、居間へ向かった。

母親は、「汚いと感じるものに触れられない」と言った。食器も衣類も片付けられない。掃除することができない。

生活保護費を手にしてもすぐに使ってなくなってしまう。日々の食べ物にも事欠いた。

学校の給食が佑樹君の生きる糧。「学校なんてどうでもいい」と思っていたが、おなかがすくから給食の時間になる前には登校した。

だから、学校が休みの日が特につらい。朝から何も食べていない佑樹君が「おなかがすいた」と母親に訴えても、「布団に入りなさい」と言われるだけ。

凄絶な暮らしは分別さえ奪う。空腹に耐えかね、佑樹君は妹と一緒に近所の店の食料や菓子を黙って食べ、牛乳も飲んだ。

２０１１年春まで続いた佑樹君たちの日常だ。

◇◇◇

「経済的困窮がお母さんを精神的に追い込み、家事や子育てへの意欲を失わせているのかもしれない」

佑樹君たちを支援する畠山さんの目には、こう映った。

「お母さんを責めてばかりいても、どうにもならない。一緒に行動し、お母さん自身が自分から動けるように後押ししないと」

２０１０年春。スタッフとともに、わずかな接点をたぐり佑樹君たちの支援に乗り出した。

アパートを訪ねた。いない。また訪ねた。気配はあるが、居留守を使われたらしい。母親の携帯電話にも連絡した。だが出てもらえない。

まるで見えない壁があるようだった。

「ずっと責められているような気持ちで生きてきたんじゃないでしょうか」

畠山さんは、母親のこれまで生きてきた境遇に思いをはせた。

子どもたちが学校を休みがちになると、先生から登校させるよう求められる。提出物の忘れ物が重なれば、用意してあげるよう注意される。片付けられないごみを部屋の外に置けば、大家さんからとがめられる。光熱費の支払いが滞れば、催促される。

母親自身も、生活保護を受けて暮らす家庭で育った。内に抱くコンプレックスは強く、近隣からのレッテル張りにもさらされたに違いない。

畠山さんが推測する。

「困っていると周囲にＳＯＳを出すことよりも、関わりを避けて内にこもるようになったんでしょう」

相変わらず、母親に会えないまま時間だけが過ぎていた。それでも、きょうだいの困窮ぶりは耳に入ってくる。放ってはおけない――。

「どうすれば、つながれるだろう?」

畠山さんは考えを巡らせていた。

一緒に買い物に行き、料理をし、掃除もする。荒れた暮らしを立て直すには、習慣を変えることがどうしても必要だ。

なんとか食べ物などは受け取るようになった母親だが、家の中に第三者が入る支援となると、途端に避けた。

「家に入れないのなら、来てもらうしかない」

数カ月たった2010年夏。畠山さんは市内の民家で「ひだまり」を始めた。子どもや、子育てに悩む親が過ごせる居場所だ。

クリスマスパーティーや門松作り。佑樹君たちが喜びそうなイベントを工夫した。でも誘いには乗ってこない。

2011年春。「食べ物ならどうかな」と、たこ焼きパーティーを開いた。あいにくの雨が降りしきる中、佑樹君と奈津美ちゃんが肩を寄せ合い、初めて姿を見せた。

鉄板の上の熱々のたこ焼きをふたりがうれしそうにつつき、次々と頬張った。

「こんどはいつ？」

「また来てもいい？」

おなかを満たした奈津美ちゃんが矢継ぎ早に聞いてくる。畠山さんは手応えを感じていた。

◇◇◇

早朝、スタッフが奈津美ちゃんを家に迎えに行くことから、本格的な支援が始まった。

奈津美ちゃんは小学2年生になってもおむつが外せない。まず朝、奈津美ちゃんを「ひだまり」に連れて行き、おしりをきれいにしてお着替え。朝食後、学校へと送った。

夕方になると、スタッフが奈津美ちゃんを学校から、「ひだまり」に連れて帰る。佑樹君も自ら、学校から「ひだまり」に帰宅するようになった。

ふたりはシャワーを浴び、宿題をする。着ていた服は洗濯、乾燥もしてもらった。スタッフと一緒に夕食をおなかいっぱい食べ、家に帰った。

これらはすべて本来は家でするはずの、生活する上で基本的なこと。朝晩、土日も休まず続いたふたりへの濃密な支援は半年に及んだ。

ある時、奈津美ちゃんがトイレから、スタッフに声を掛けた。

「見て、見て」

用を足せたことに誇らしげ。とうとうおむつが取れた。

中学校に遅刻しがちだった兄にも変化が表れた。

畠山さんたちの支援が入る前の佑樹君は毎朝、登校班になじめない奈津美ちゃんを小学校まで送っていき、その後で中学校へ登校していた。支援があることで佑樹君の負担は減り、自分優先の生活のリズムを持てるようになった。

店の食べ物を黙って食べたり、夜に出歩いたりする問題行動も消えた。

ふたりに悪循環から抜け出す兆しが見え始めた。

かたくなに支援を避けていた母親もまた、少しずつ変わり始めていた。

２０１１年夏。畠山さんが佑樹君たちきょうだいが住むアパートの外に山積みされたごみを片付けていると、突然玄関の扉が開き、室内からごみ袋が差し出された。

「これもお願いします」

いくら支援を申し出ても、頑として家の中を見せなかった母親だ。畠山さんが「一緒にやりますよ」と声を掛ける。やっと部屋に入れてくれた。見えない「壁」が取り払われた。

初めて目にする室内は、汚れた服などで床がわずかに見えるだけだった。まるでごみ屋敷。

「きれいになるまで3、4回はかかるかな」

畠山さんが独りごちた。

数人がかりでごみを部屋の外へと運び出す。次第に姿を表す床を、佑樹君やスタッフみんなで磨く。使えなかったトイレにも水が流れるようになった。総出で運び出したごみは、軽トラック2台分にもなった。

「きれいっていいなあ」

佑樹君にとって、これまで感じたことのない気持ち。

安心できる家。本来であれば当たり前であるはずの、子どもが育つための最低限の基盤が整った。

夏休みに入ってからも、食事や入浴などの濃密な支援は続いた。佑樹君と妹の奈津美ちゃんは「ひだまり」に欠かさず通った。

母親も心を許しつつあった。家のガスが止められたのか、母親も時折シャワーを浴びに来るようにもなった。

支援は勉強にも及び、スタッフと一緒に夏休みの宿題をやり遂げた。佑樹君たちにとっては初めてのこと。

「学校でほめられたよ」

ふたりはうれしそうに報告した。

ずっと、自分のことを「ばか」だと思っていたという佑樹君。

「だって、成績がビリなんだもん」

でも勉強を始めたら、得意の数学はテストでは学年で真ん中まで順位を上げた。自尊心も芽生えてきた。


本格的な支援から3年が経った2014年春。県立高校普通科に入る佑樹君はもう、「ひだまり」を卒業できる。小学5年になる奈津美ちゃんが訪れる機会も減りそうだ。

これまで佑樹君は「学校に行かなくても仕事をしなくても、何とかなる」と考えていた。

今は希望がある。

「高校を卒業したら料理人になる」

2年前までおむつを外せず登校班に入れなかった奈津美ちゃんは、帰宅するとすぐに友だちの家へと遊びに出掛ける。今はごく普通の女の子になった。

「人は必ず改善するんです」

佑樹君たちふたりに関わり続けてきた畠山さんの実感だ。

「これからはボランティアとして、『ひだまり』に関わってくれないかな」

畠山さんは今度、佑樹君にそう持ち掛けようと思っている。

支援避け、閉じこもる3兄弟

呼び鈴を鳴らしても、誰も出てこない。

2012年春。栃木県北部の自治体職員・村上京子《むらかみきょうこ》さん＝仮名＝は母子4人の住むアパートに通い始めた。養育が難しい家庭の相談員を務めている。支援しようとしている家の母親は、自分の子どもと同年代だ。

車は駐車場に置かれ、洗濯物は干してある。

何度目の訪問になるだろう。ようやく玄関の扉を開けたのは男の子。どうやら、中学3年の次男・亮太《りょうた》君＝仮名＝のようだ。

着古したランニングに短パン姿。顔色は悪く、やせている。

村上さんは「食べてないんだろうな」と思いつつ、尋ねた。「お母さん、いる?」

亮太君はにこにこしながらも首をかしげるだけ。家の中のことは、うかがいしれない。

1週間後、再びアパートを訪ねると、また亮太君が現れた。顔色は相変わらずすぐれず、服装も同じだった。

「着る物がないのかな。それにしても……」

亮太君のいでたちは、肌寒い日でも変わらなかった。

「外に出ていないのだろうか」

同僚から引き継いでいた親子の情報では、36歳の母親は失業中。生活は苦しく、電気、ガス、水道が止められることもある。16歳の長男は高校に進学していない。亮太君と小学6年だった三男は、学校から遠ざかっている。

訪問をしても、暮らしぶりが分からない。足しげく通っても、母親には会えなかった。長男が家の中にいるのは分かるのに、姿は見えない。

三男は、何度も呼び掛けてやっと玄関から見える冷蔵庫の陰まで出てきた。しかし会話はおろか、目を合わせようともしない。

亮太君に話を聞こうとしても、蚊の鳴くような声で話すだけ。聞き取るだけでひと苦労だ。

ハッと胸を突かれたような気がした。

「もしかして、人と話をしていないんじゃ……」

深刻な事態に思えた。

「この子たち、このままだと社会に出られない」

◇　◇　◇

親子は2005年まで、生活保護を受けながら県内の母子生活支援施設で暮らしていた。

施設では入浴時間などが決められ、ルールに縛られた暮らしを強いられた。窮屈さを感じた母親の香織《かおり》さん＝仮名＝はその年の夏、栃木県北部のアパートに引っ越した。長男が小学4年の時だ。

生活保護を受給していると、資産とみなされる自家用車を持つことができない。しかし香織さんたちが暮らす県北部は、都市部のようにはバスや電車があまりない。

香織さんは飲食店のパートで働き始めてすぐ、車のない生活に限界を感じるようになった。通勤も、三男の保育園の送迎もすべて自転車だった。

どうしても車を手に入れたくなって、生活保護から抜けた。

移動の自由と引き換えに、香織さんたち親子は困窮に追い込まれた。

それまで受けていた生活保護費がなくなった分、月収は10万円ほどに減った。家賃だけで4万3千円は掛かる。年3回支給される児童扶養手当は、滞納していたさまざまな支払いに消えていった。

「それでも、すべて1人でやらなくちゃいけない」

だんだんと、香織さんの心のゆとりが失われていった。

施設では香織さんが外出して留守にしていても、子どもたちは面倒を見てもらえていた。アパートでの暮らしはそうはいかない。近所との関わりはほとんどなかった。

子どもたちは家にこもるようになった。孤立が深まっていった。


香織さんが県内の母子生活支援施設を出て、アパートで子どもたちと4人の暮らしを始めたのは29歳の時。

「勉強、やだな」

小学5年の長男・大貴《だいき》君＝仮名、3年の次男・亮太君には、そんな気持ちが募っていた。朝になっても布団から抜け出せず、登校しない日が増えた。

「学校に行きなさい」

香織さんは毎朝、子どもたちに強く促した。でも2人は動かない。

出勤時間は刻々と迫った。後ろ髪を引かれる思いを抱えながら、家を出た。いつしか、子どもたちと真正面から向き合えなくなっていた。

アパートの部屋には三男も含め兄弟3人だけが残った。部屋にある物を食べ、勝手気ままにテレビを見たりゲームをしたり。他の誰とも関わらないまま時が流れた。

◇◇◇

7年後の2012年春。16歳になった長男の大貴君は、高校には進学せずに家にこもった。中学3年になった次男、小学6年の三男も学校を休みがちだった。

香織さんの抱える悩みは深まるばかり。

「大貴に仕事を見つけて、下の子たちを学校に行かせて……」

自分も職をなくしたばかりだった。工場や夜の飲食店でも働いたが、人間関係や生活のペースが合わず、続かない。

「すべてが嫌だ」

もう何も考えられなくなっていた。

◇◇◇

「兄弟を何とかしないといけない」

そう考えていた地元自治体の相談員村上さんが、繰り返しアパートを訪ねるようになったのはそのころのこと。どうしても母親と話をする必要があると感じていた。

何度も訪ね、やっと母親に会うことができた。

「子どもが社会で生きられるようにするのが、親の責任。お母さんはそれができていないのよ」

会うたびに繰り返す。香織さんは、うん、うんとうなずいた。

次に村上さんがアパートを訪ねると、まるで状況は変わっていない。そんなことが数カ月間、続いた。

「なぜできないのだろう」

村上さんが思いを巡らせる。香織さんのことを責めても追い詰めるだけ。

「何ができるのか一緒に考えることが大事」と気付いた。

香織さんは、子どもたちの給食費を滞納していた。村上さんはまず、その費用も支給される「就学援助制度」を香織さんに紹介した。煩雑な申請の手続きにも付き添い、援助につなげた。

「子育てはひとりじゃ無理。助けてもらえばいいのよ」と励ました。

何をどうしたらいいか分からず、立ち往生していた香織さん。

「子どもたちの将来のために、できることからやっていけばいい」

次第にそう思えるようになった。

村上さんへの信頼感が強まり、香織さんの心は少しずつ開いていく。

心の変化は、子どもたちに伝わっていった。

2014年3月下旬。学校から遠ざかる子どもの学習を支援する栃木県北部の教室で、長男の大貴君は黙々と机に向かっていた。

小学5年のころから、自宅アパートにこもりがちになった。中学校にはほとんど行かず、高校にも進学していない。

「どうして、人と接するのが嫌だったの？」

机の脇から記者が尋ねた。

大貴君は少し考え込んだ後、口を開いた。

「家に来る人たちのことが嫌だったんです。いつも母を困らせていたから。恨むような感じも……」

自宅に学校や自治体の人が来ると、母は決まって責められる。大貴君はいつも、そう感じていた。だから自宅に来るようになった村上さんに呼ばれても、玄関には出ていかなかった。

でも村上さんは他の人とは違っていた。母親の「できないこと」を責めるのではなく、「できること」を一緒に考え動いてくれた。

大貴君はその冬になって初めて、村上さんの呼び掛けに応じる気持ちになった。

◇　◇　◇

2013年春、村上さんは大貴君を外に連れ出したい一心で、学習支援の教室を母親の香織さんに紹介した。

村上さんが携わっている安心感もある。香織さんも、大貴君の背中を押した。

「もっと、人と関わらないと」

かつての香織さんであれば、決して口にしなかった言葉だ。

繰り返し、繰り返し勧められた大貴君。半年が経ったころ、鉛筆を持って教室に現れた。

「外に出てくるだけでもすごい」と村上さんは目を細めた。

大貴君は県内の母子生活支援施設にいた小学4年までは、学校に通っていた。

中学を卒業してすぐに、1年間だけ地元のNPOで働いたこともある。面倒見のいい年上の人たちとの仕事を経験して、会話もできるようになった。

でも、NPOの雇用期間が終わるとまた、家に閉じこもるようになっていた。

「社会で生活できる素地はあるはずよね」

村上さんが思案する。

「大貴君を受け入れてくれる環境がないと、まだ自分の力だけでは外へは飛び出せないのね」

大貴君は週1回、学習支援教室に通い、原付きバイクの運転免許を取ろうと勉強している。

「働かないで何もしないまま、ずっと家にいていいのかな……」

少しずつ社会に出ようとする気持ちも芽生えてきた。

自分にどんな仕事ができるのか、分からない。運転免許の取得は小さな一歩かもしれないが、仕事の〝足〟として必ず役立つはず。そう思っている。


「どんなことをしたいの？」

２０１３年秋。栃木県北部の自宅アパートの一室で、母親の香織さんが次男の亮太君に語り掛ける。

「裏方の仕事の方がいい。皿洗いみたいな」

生活が困窮し、家にこもっているころは、やりたいことを尋ねても「分からない」と答えるだけだった。そんな亮太君が示した意思だった。

その半年前の春。

「社会に出てみよう」

村上さんは、中学校を卒業したばかりの亮太君を喫茶店の仕事につないだ。週３日、店で接客したり、皿を洗ったり。

「何にしますか？」

人と話すことが苦手な亮太君が注文を取る。店で働く年配の女性たちにもかわいがられ、徐々に会話を交わせるようになっていった。

ずっと外に出たがらなかったのに、店まで１人で歩いて通えるようになった。

「声も大きくなり、顔色も良くなった」

村上さんはそう感じた。

亮太君が中学3年の時から始まった村上さんのアプローチ。亮太君に最初に勧めたのが、地元自治体の適応指導教室だった。家にこもる子どもにどう対応していいか分からなかった母親の香織さんも、一生懸命協力した。

亮太君は、香織さんが車で送迎すれば教室へ行けるようになり、3学期には1週間続けて通うことができた。

卒業後、通信制の高校に進学したが、登校は週1回に限られる。外出する機会がまた減ってしまう恐れがあった。

「後戻りさせたくない」

村上さんが思い立ったのが、喫茶店の仕事だった。今は香織さんが見つけてきたスーパーの裏方のアルバイトをしている。亮太君は後戻りせず、社会の中に身を置き続けている。

２０１４年３月下旬。学習支援の教室に通う大貴君に、記者が心境を尋ねた。

「ちゃんと学校に行っていれば、今よりましだったかも……」

大貴君は静かに、ゆっくりと答えた。

後日、大貴君の気持ちを母親の香織さんに伝えると、香織さんの目から涙があふれ出した。

「子どもたちには、もっと可能性があったのかもしれないのに」

香織さんにはパートの仕事が見つかり、暮らしは少しだけよくなった。長男の大貴君、次男の亮太君は少しずつ、外に出る経験を重ねている。でも中学２年の三男は、まだ人と目を合わすことができない。

香織さんはどうしてもこんな思いになる。

「もっと早く誰かに相談していれば……」

親なき子、母になる

おなかに赤ちゃんがいると分かったのは、17歳の誕生日をすぎて間もないころ。

2014年3月、星玲奈《せれな》さん(17)=仮名=は、やわらかな膨らみを帯びたおなかにそっと手を当てた。

「この子には、私と同じ思いをさせたくない」

困窮し、孤立を深めた十代前半。

「私、まるで家なき子、親なき子だった」

◇◇◇

悪い方へ、悪い方へと星玲奈さんの生活が転がり出したのは、父親が病に倒れた小学3年の時だった。

それまで、両親と「おばあちゃん」と呼ぶ父方の大伯母の4人で、栃木県宇都宮市内の一戸建てに暮らしていた。

怒ると怖いけど、家では料理や勉強を教えてくれた父親。何でもできて、頼もしかった。でも倒れた体には後遺症が残り、家で寝たきりになった。

父親の面倒を見ながらも母親はお酒を飲んでばかりで、ご飯も作ってくれなかった。

父親の収入が絶たれた一家の生活は困窮していった。

星玲奈さんが小学5年の冬。学校から帰ると、テーブルの上に書き置きがあった。

「元気でね」

星玲奈さんの貯金箱は壊され、中身はなくなっていた。

母親が家を出て行った。

「どうして行っちゃったの?」

心細くて、困惑する星玲奈さんに、80歳を過ぎたおばあちゃんが思いも寄らないことを口にした。

「あの人はおまえのママじゃない。おまえの本当のママは、フィリピン人なんだよ」

高齢のおばあちゃんと小学生の星玲奈さんの2人では、父親の世話ができない。父親は入院せざるを得なくなり、新たに医療費がかさむようになった。ただでさえ困窮していたのに、もうどうにもならない。

家を引き払い、おばあちゃんと貸家に引っ越した。生活保護を受け始めたが、保護費と年金だけではやりくりができない。ガスや電気もよく止められるようになった。食事の時は仕方なくろうそくをともし、冷たい食べ物を口に運ぶこともあった。

おばあちゃんは自分はがまんしてでも、食べ物をくれる。そうかと思うと「何で私がおまえの面倒を見なきゃいけないの」とも言った。困窮する中で、心の余裕が失われていった。

父親が伏せったころから学校でいじめられるようになった。

「貧乏」

「外人」

同級生から心ない言葉を浴びせられ、靴も投げ付けられた。いじめてくる子はみんな、かわいい筆箱や靴下を持っている。なのに、自分にはない。持てるわけもない。

「私は身分が低い」

いつしかそう感じるようになり、自分のことを大切には思えなくなっていた。

◇◇◇

中学2年の夏。星玲奈さんが不登校になって半年がたったある日。おばあちゃんから、学校に行かないことをとがめられた。

「おまえはあいの子だから、だめなんだ」

何かが音を立てて崩れ、ずっと我慢してきたものが体の奥から噴き出てくるような感覚に襲われた。その先は覚えていない。気がつくと、馬乗りになっていた。

おばあちゃんのあばら骨が折れていた。児童相談所の判断で、星玲奈さんはおばあちゃんと別れ、心理面での支援が受けられる児童福祉施設で生活することになった。

そのころ、入院していた父親が亡くなった。

大切なものを、一つ、また一つとなくしていった。


仲間の輪にいたかと思うと、スタッフの部屋に駆け込み、泣きわめく。突然、大音量で音楽をかける。

2012年夏。JR宇都宮駅に近い雑居ビルにある「とちぎ若者サポートステーション（サポステ）」に通い始めた星玲奈さんの不安定な言動を見つめ、中野《なかの》謙作《けんさく》さん（54）は感じていた。

「彼女は本当に必要な人とつながっていない」

星玲奈さんは、約2年間を過ごした児童福祉施設を出たばかり。居場所を見つけられなくて、もがいていた。生みの母のことは知らない。育ての母は家を出て行った。病気で長い間入院していた父親も亡くなった。唯一の身内と言えるおばあちゃんの家にまた、身を寄せて生活していた。

同級生は中学校を卒業して高校に進学していたが、施設に入所していた星玲奈さんは進学がかなわなかった。1年遅れの高校受験を目指して、サポステに通いながら、学習支援を受け始めた。

中学生のころは、同級生にいじめられ学校にはほとんど通っていない。勉強が分からない。中でも、数学は大の苦手だ。

「分かんない」

勉強することが嫌になり、何度も問題を突き返す。それでも先生役の中野さんは繰り返し、まるでテープを再生するように丁寧に教えてくれた。

教えてくれたことは勉強だけではない。

「何かあったら、何でも言っておいで」

どんな話にも耳を傾けてくれた。

おばあちゃんの年金と生活保護に頼る暮らし。苦しい家計は、児童福祉施設に入る前と変わらなかった。おばあちゃんのことを「大事にしたい」とは思うが、生活の厳しさから互いに余裕を失い、いつもけんかになってしまう。

「家出したい」

中野さんに打ち明けた。すると、中野さんはじっと目を見つめ、諭した。

「だめだよ、だめ。おばあちゃんを捨てるの？」

人とうまく付き合えない悩みを話した時。

「相手の立場になって考えたら、どうだろう」

尋ね返された。

少しずつ、星玲奈さんは自分の頭で考えるようになっていく。

サポステには、自分と同じようにつらい思いをする人たちがいた。共感し、心を許せる友だち、兄のような人にも出会えた。

「家族とまではいかないけど、そんな感じ」

だんだん、自分の居場所だと思えるようになった。

◇◇◇

学習支援を受け始めて半年あまり。２０１３年春、星玲奈さんは定時制高校に合格した。真っ先に中野さんに知らせた。

発表のあった高校から最寄り駅の公衆電話まで急ぎ、連絡する。

「おーっ」

中野さんは声を上げて喜んでくれた。

その姿が、頼もしかった父親の姿とどこか重なった。

自らを「家なき子、親なき子だった」と振り返る星玲奈さん。失っていた人とのつながりを取り戻していく。

16歳で定時制高校に入学した星玲奈さんは対人関係に悩むこともあったが、

次第に落ち着いていく。

中野さんは「彼女に、学校という『居場所』ができたから」と思えた。

ペルー人の同級生と付き合い始めたことも知らせてくれた。星玲奈さんを支えてくれる人ができた、その年の末のことだった。


星玲奈さんから唐突にメールが届いた。

「学校やめる」

続いて、「妊娠した」と一言だけ。

「彼は何て?」

中野さんは返信のメールを打ちながら考えた。まだ若く、生活は苦しいままの星玲奈さんが直面するであろう、新たな壁が容易に想像できた。

一方で、こうも思った。

「子どもができたことで、彼女の心が安定するなら、それもいい」

◇　◇　◇

「家族がほしい」

星玲奈さんはずっと願ってきた。だから赤ちゃんができて、素直にうれしい。妊娠を、彼も涙を浮かべて喜んでくれた。

２０１４年２月から栃木県南部にある足利市内で彼の家族と暮らしている。これから誕生する赤ちゃんを迎え入れるために、一緒に高校を中退した彼は派遣労働で働き始めた。「現実は厳しい」と感じている。

出産費用は国民健康保険からの出産育児一時金で何とか払えそうだ。でも子育てにかかるお金は？　ミルクやおむつ、ベビー服、ベビーベッド……。

今の住まいは決して広くない。子どもが生まれたら家は手狭になり、彼の家族との同居は続けられなくなる。新居を見つけなければいけない。

「いろいろ難しいけど、何とかやっていければ……」

いくら自分を勇気付けても、心細さは募る。

◇　◇　◇

中野さんのもとに、星玲奈さんからまたメールが来た。

「落ち着いたらさ、高認やっていい？」

高認とは、高校卒業程度認定試験のことだ。

生活することを考えたら、出産した後は、働かなければいけなくなる。雇用条件は中卒か高卒かで違ってくる。このままでは、自分が過ごしてきた苦しい生活が生まれてくる子どもに連鎖しかねない。

そんな思いが込められた星玲奈さんの問い掛け。中野さんは「もちろんＯＫ」と返した。

子育てはただでさえ、思い通りにならない。十代の母には、なおさらだ。星玲奈さんには、公的な支援制度が欠かせない。でも、中野さんはそれだけでは足りないと言う。

「地域の中で、ＳＯＳの受け皿となる人が必要になる」

中野さんは、星玲奈さんの身近なところで支援者たちのネットワークをつくろうと思っている。

「自立するまでが支援だから」

第5章 見つける・つなぐ

親から子への「貧困の連鎖」を断ち切るには、一刻も早く貧困の中にいる子どもを見つけ、支援につなげることが不可欠だ。しかし、さまざまな事情が絡み合い、今の支援体制は必ずしも十分とは言えない。行政や学校、地域に求められるものとは何か。第5章は、行政やNPOなど県内外の関係団体の取り組みを追う。

気付いても手立てなく

栃木県南部に位置する小山市内にある、築70年以上がたった古い農家。居間の傷んだ畳には、直径20センチほどの焦げ跡がある。

2013年8月。中学2年の優也《ゆうや》君＝仮名＝が、小学6年の妹と母（46）、祖母（75）と一夜を過ごしていた。

料金を滞納して電気が止められた。地下水をくみ上げるポンプが動かなくなり、水道も出ない。食べ物もなかった。

暗い室内。ともしたろうそくが不意に倒れて、火が畳に燃え移り、焦げた臭いが立ちこめた。

どう消したのか、動揺した優也君には記憶がない。

父親はいない。ひとり働く母親の収入はわずか。家族4人の暮らしは、祖母が受給する生活保護費が頼りだった。

◇◇◇

畳が焼ける数時間前。祖母は自分が通う市内の介護施設のケアマネジャーの女性（49）に、電話で助けを求めていた。

ケアマネが市の地域包括支援センターへ連絡する。

「子どもも満足に食べていないらしいんです」

優也君たちの窮状を知ったセンターは、地区社会福祉協議会（地区社協）などに食料支援を頼んだ。

翌日。地区社協の茂木《もてぎ》俊雄《としお》さん（66）らが優也君たちの家に駆け付けた。緊急措置として電気代を立て替え、久しぶりに明かりがともるようになった。

家の中では、5～6匹の猫がまな板の上から土間、庭を闊歩している。ハエも飛び交う。

優也君たちは、縁側サッシ戸のガラスが割れたまま冬を越した。風呂場に扉はない。土間にある炊事場や風呂場は、雨漏りがひどく水浸しだった。排水口は汚れて、ごみが詰まっている。

茂木さんらは泥まみれになりながら、詰まりを取り除いた。

「子どもにとって、あまりにも厳しい環境」とケアマネが表情を曇らせる。

しかし、子どもの支援は自分の業務ではない。

茂木さんも「地区社協にできるのは一時的な支援だけ」と言う。

民生委員だった女性（72）は、もどかしさを感じていた。

「子どもを連れ出すわけにはいかないし……」


電気が止まる前から、市の家庭相談員らは優也君たちの家を何度か訪問し、学校とも連絡を取り合っていた。

しかし、子どもたちに特段の問題行動は見られない。食料支援もあり、最低限の食事はできている。「児童虐待」に当たるのであれば子どもを保護することもできるが、その段階にはない。

「私たちは法律の範囲の中で対応している。それ以上のことは難しい」

市子育て・家庭支援課の課長の言葉に行政の限界がにじむ。この家にだけ特別な支援をしては不公平になってしまう。

母親は仕事のシフトを増やし、より多くの収入を求めて働くようになった。でも今も電気料金を滞納しがちで、雨漏りも修理できていない。

一家の窮状に、周りのみんなが気付いている。それなのに、十分に手を差し伸べられていなかった。

スクールソーシャルワーカー

異変が起きている。でもそれが何なのか見えない。

２０１４年４月下旬、栃木県央部にある高根沢町内の小学校の教室。子どもたちが下校するころ、男性教諭（47）が高根沢町教育委員会（町教委）の渡辺《わたなべ》有香《ゆか》さん（29）に切り出した。

「最近、表情が暗いんです」

中学年の女の子のことだ。一度書けるようになった漢字が書けないことがあった。

「何か家庭に問題を抱えているのかな」

男性教諭が考えを巡らせる。

教諭の言葉にうなずき、メモを取る渡辺さん。県内でまだ多くないスクールソーシャルワーカーの1人。子どもの心理面をサポートする専門職の経験があり、町内の小中学校全8校の子どもに目を配っている。

経済的困窮、親の精神疾患……。不登校や非行、ネグレクト（育児放棄）の子の背景に、複雑な事情が絡み合うことは少なくない。

男性教諭は「学校は、家庭の問題にまでは踏み込みにくい」と身に染みていた。多忙な学校で、1人の子にだけ手をかける余裕はない。本来であれば活用を案内したい生活保護や困窮家庭向け貸付金などの制度のことも、専門外でよく分からなかった。

　それに、中には支援を申し出る学校や教員に強い拒否反応を見せる親もいる。

　子どものために学校ができないことを補う。

　「スクールソーシャルワーカーは福祉の視点を持ったパイプ役」

　渡辺さんは、それが自らの役割だと肝に銘じている。

　男性教諭から話を聞いた女の子の家庭に足を運んだ渡辺さんは、「家族関係がうまくいっていない」ことを感じ取った。

　渡辺さんはそのことを学校に伝え、支援の在り方を探る。家庭や学校、関係機関。それぞれの点が、渡辺さんによって確かな「線」としてつながっていく。

　理由が分からず頭を抱えていた担任の男性教諭も、今は女の子の暗い表情の理由が分かりつつある。学校で、女の子の気持ちに思いをはせながら声を掛けている。

　こんなこともあった。2012年夏。

「困窮している家庭に経済的な支援はできないですか」

中学校を訪れた渡辺さんは、学校からある男子生徒のことを相談された。

男子生徒は最近、保健室登校や休みが目立ち始めていた。ひとり親になった母親は、気持ちが不安定で日中、働くことができない。体調が少しだけよくなる夜に接客の仕事をしているが、収入は乏しく生活は苦しい。

渡辺さんが推測する。

「男子生徒は夜、母親の帰りを待っていたりして、生活のリズムが崩れているのでは」

担任教諭はこの母親に、「町に相談に乗ってくれる人がいるので、話をしてみませんか」と勧めた。

数日後、母親が渡辺さんを町教委へ訪ねてきた。

うつろな目をした母親の話に、渡辺さんは丁寧に耳を傾けた。

「子どものことを考えると、本当はなるべく昼間の仕事をしたいんです」

母親がぽつりぽつりと話し出す。面談を重ねていくと、だんだんと悩みが浮かび上がってきた。就労、精神面……。渡辺さんは、こうした課題に詳しい県母子自立支援員を母親に紹介した。

翌2013年春。母親は日中の仕事に就くことができた。時を同じくして、学校を休みがちだった男子生徒も、再び登校するようになっていった。


ぼろぼろの靴をいつも履いている。ノートや体育館シューズは、学校から家庭にいくら連絡しても、ずっと用意ができていない。

2013年末。小学校を訪れた渡辺さんが、担任教諭から男子児童について相談された。

町が独自にスクールソーシャルワーカーの配置を始めて7年目を迎えた。不登校や親の就労……。困難を抱える子どものさまざまな課題と向き合い、状況が改善するケースが増えるにつれ、学校の先生から寄せられる情報も多くなってきていた。

この男子児童は、家で食事は取れているようだ。親には仕事もある。家庭から学校にも、これといった相談はない。でも担任教諭は、周りの子とは異なる男子児童の様子が気に掛かっていた。

「もしかしたらネグレクトかもしれない」

そう危惧した渡辺さんは、町の要保護児童対策地域協議会（要対協）の場で状況を伝えた。

要対協は行政を中心に学校や児童相談所、警察関係者、保健師などが児童虐待や育児の難しい家庭への対応を検討する場。問題の背景に、経済的な困窮があるケースは少なくない。

男子児童に激しい虐待の跡が見られるわけではなく、命の危険が迫るような状況ではない。保護の緊急性は高くない。

要対協では、各立場から意見を述べる。男子児童への対応は、学校を通じて児童本人と家庭とを継続して見守ることになった。

◇　◇　◇

春になって、新たな情報が学校から渡辺さんにもたらされた。

最近、お風呂に入っていないのか、男子児童の顔が黒く汚れていることが多くなった。夜、子どもだけで過ごす時間もあるらしい。

担任教諭が根気よく親とやりとりを続け、ずっと用意できていなかったノートやシューズはそろったが、児童の姿から何か事情を抱える家庭の姿が透けて見えた。

「家の中のことを知らないといけない」

せめて、親とじっくり話をしないと。渡辺さんはそんな思いを募らせたが、次のステップを踏めずにいた。

家庭からのＳＯＳは、依然としてないまま。

突然、家を訪ねたら、勝手に事情を話されたと思われ、親の学校への不信を招きかねない。わだかまりが生まれ、家庭が孤立することだけは避けなければいけない。

男子児童の状況を変えるためには、超えなくてはいけないハードルがある。

しかし、手立てが見つからなかった。

渡辺さんとともに、子どもの支援に携わる町教委こどもみらい課の加藤敦史《かとうあつし》課長は言う。

「あきらめてはいけない」

関わり続けていれば、いつか子どもの支援につながり、改善する可能性が出てくるはず。

渡辺さんも、その糸口を探し続ける。

◇◇◇

町だけではできないこともある、と渡辺さんは考えていた。

養育困難な家庭で生活する子どもには、食事を用意したりお風呂に入れたりする基本的な生活支援が必要になることもある。

「何とかしたい」と思うが、できる範囲は限られている。

家庭の状況が良くなり、子どもが変わるまでには時間がかかる。子どもの成長はその間も待ってはくれない。困窮する子どもの姿に気が付いた大人一人一人が、少しでも関わりを持てば、状況は変わるはずだ。

「地域の人や民間団体などと一緒になって支援する形ができればいい」と加藤課長。

町の模索は続く。

補い合う市とＮＰＯ

２０１４年４月。赤ちゃんと両親が暮らす栃木県日光市内の部屋。

「そろそろ食べ物が底を突くころだろうな」

寄付された食料を手に、大久保《おおくぼ》みどりさん（64）が部屋を訪ねた。子どもの養育などを支援する、市内のＮＰＯ法人「だいじょうぶ」のスタッフだ。

第１子の出産前に健診を受けない「飛び込み出産」だった母親は、赤ちゃんが産まれる前に産着などを準備できていなかった。事情を知った大久保さんが、すべてそろえて届けた。それからの付き合いになる。

赤ちゃんの父親は病気で働けず、工場で働く母親の収入だけが一家の頼り。でも、母親は今、第2子を身ごもっている。出産を控えて仕事を辞めていた。収入が途絶えた一家に蓄えはない。

市家庭児童相談室の相談員も兼ねている大久保さんは、一家の生活保護の申請に同行する約束をして、部屋を後にした。

食べ物の提供や、公的な手続きへの同行といった直接支援。ＮＰＯと市が重なり合う体制が、スムーズで手厚い支援を生み出す。

◇◇◇

「だいじょうぶ」は２００５年度から、法改正で市町村が児童虐待の相談窓口となったことに伴い、市の24時間電話相談業務などを委託された。

「相談だけでなく、支援が必要な子どもを少しでも早く見つけ出したい」

業務に携わるうちに、こうした思いが芽生えた理事長の畠山由美さん。しかし、保育園などを訪問すると決まってこう言われた。

「あなたたちは何ですか」

訪問した趣旨を話しても、「市には報告していますから」と突き返されるばかり。

市からの業務委託に合わせて、できたばかりのNPO。信用してもらえない現実を突き付けられた。

保育園や幼稚園だけでなく、身内ともいえる市からも情報を得られない状況が続いた。個人情報の「壁」が立ちはだかった。

新たに育児支援のための家庭訪問事業も委託され、仕事場が市の相談員と同じ建物になっても、「壁」のある状況は変わらなかった。

「だいじょうぶ」は、関わりを持つことができた家庭については徹底的に支援していた。子育てが苦手な母親に寄り添い、掃除をし、買い物に付き合い、料理まで手伝った。

ただ、支援を必要とする家庭を新たに見つけ出すことは難しい。

反対に、関係機関から困窮家庭などの情報が集まる市の方は、公的な支援制度につなぐことはできても直接支援することは難しかった。

次第に、それぞれの「持ち味」が際立ってきた。

もっと効果的な支援ができないか。市にも問題意識があった。

相談体制の見直しが始まり、11年度、転機が訪れる。

「だいじょうぶ」の相談業務が「市の相談員と同等」と明確化され、意識の垣根が取り払われた。スタッフも、市職員と同じ情報が得られるようになった。

市職員は、どうしても守秘義務に気を使う。

「慎重になりすぎて情報共有が進んでいなかったんですね」

相談室の担当部長だった元市職員の鈴木法子さん（62）が振り返る。

「考えてみて。介護サービスを行政がすべてやるところってある？　子どもの分野だけが違う理由はないでしょう」

行政である市と、民間であるＮＰＯ。互いが補い合う形をつくり出した。

「だって、壁があることで困るのは子どもなんだから」

４年前まで、日光市内で小学校の校長を務めていた大久保さん。今は、市の相談員で、「だいじょうぶ」のスタッフでもある。

教員としての定年を迎えた２０１２年春。

大久保さんは「子どもにかかわり続けたい」とスタッフになった。

「支援できることが、こんなにもたくさんあるなんて」

目にしたのは、教員時代にはできなかった数々のこと。

家事、育児支援のほか、民家を使って子どもたちの居場所「ひだまり」も運営している。

放課後、「ひだまり」にやって来る子どもが暮らす家庭の大半は、経済的に困窮している。

子どもたちは、「ひだまり」でお風呂に入り、衣服を洗濯してもらう。宿題を済ませ、おなかいっぱい食べると、満足して家路につく。

その光景を見るたび、大久保さんは思っていた。
「私が今校長であれば、『だいじょうぶ』に真っ先に相談するのに」

◇◇◇

校長だったころの大久保さんに、市の相談室や「だいじょうぶ」の印象はあまり残っていない。スタッフが、支援対象となる子どもをいち早く見つけるために学校を訪れた時も、「対象となる児童なんてうちにはいませんよ」と笑って応じて、帰ってもらった。

いくら「支援できる」と言われても、一民間団体の「だいじょうぶ」に「実際に子どもたちが助けられた」という話を耳にしたことがなかった。

困窮した児童の情報を提供したところで、本当に事態を変えられるのか。かえって、かき回されて学校と保護者との間にあつれきが生まれないか。

複雑な事情を抱えた子どもに学校が対応しきれていない現実があっても、それを「学校の弱い部分」と受け止めてしまい、外部の人に話すことは「恥」だとも思っていた。

はっきりと状況はつかめていなくても、気にかかる子どもは校内に確かにいた。

でも、ずっと思っていた。

「情報は、外部に安易に流せない」


大久保さんには苦い記憶がある。

日本人の父親とフィリピン人の母親を持つ小学校高学年の男の子がいた。母親は家を出て行き、男の子が身に着けている衣服が臭う。ご飯も満足に食べられていないようだった。

「学校は、朝ご飯まで用意することはできないから」

校長だった大久保さんは思案の末、市の家庭児童相談室ではなく、民生委員に相談を持ち掛けた。すると、民生委員は個人的に男の子におにぎりを届けてくれるようになった。学校でも、養護教諭が男の子の衣服を洗ったりもした。

しかし日々の膨大な仕事に追われる学校は、子どもに対して常に生活支援ができるわけではない。民生委員が届けてくれていたおにぎりも、いつしか途切れていた。

市教育委員会には臨床心理士などの配置は進んでいたが、このケースには対応できない。衣食住についての直接支援が必要だったが、大久保さんはその手立てを知らなかった。

「学校が何とかしないと……」

気持ちばかりが空回りした。困窮した男の子の状況は変わることなく、時間だけが過ぎる。結局、何もしてあげられないまま卒業させてしまった。

後悔だけが残った。


秘密は守る。できる支援をとことんやる。そして、丁寧に学校と連絡を取り合う。

大久保さんが学校と関わる上で心に決めていることだ。「だいじょうぶ」の細やかな支援に携わり、こう感じるようになった。

「子どもが困っている、という情報さえあれば必ず支援ができる」

小学生の女の子2人と赤ちゃん、両親で暮らす家庭。父親は高齢で、生活は外国人の母親が稼ぐ月9万円の収入に頼っていた。

冬、ストーブを使うのは居間だけ。余すところなく使う野菜から、ごみは出ない。そこまで切り詰めても、一家の生活は苦しかった。

困窮した生活の中でも、一家は給食費をずっと払い続けてきた。日本語の字が読めない母親は、学校が文書で周知した給食費などの費用が支給される就学援助制度があることを知らなかった。

「援助の対象となる非課税世帯かどうかとか、学校は分からない」

校長時代の経験からそうしたことを知っていた大久保さんは、一家に食べ物を届け、小学校に連絡した。

連絡を受けた学校はすぐに、一家のために手続きを整えてくれた。

「だいじょうぶ」と学校との信頼関係がまた少し、深まった。

大久保さんが担当している小学校は「ひだまり」に直接向かう下校班を設けている。

男性校長（56）が言う。

「事情を抱える子どもに学校だけで対応することは無理。24時間関わることはできないのだから」

経済的な困窮を原因として家庭が荒れ、トイレでの排せつすらできなかった小学生がいた。「ひだまり」に通うことで生活習慣を身に付け、今は「普通の子」として登校している。

男性校長は実感している。

「貧困の連鎖を断つという点で、『ひだまり』がもたらす効果は大きい」

支援を受けて、子どもの状況が改善されることが分かっているから、学校から積極的に子どもを紹介するようになった。

大久保さんは「本当に変わってきている」と感じている。

学校の姿は、校長時代に情報を外に出すことをためらいながらも、今は市の相談員として、「だいじょうぶ」のスタッフとして子どもたちの支援に取り組んでいる自分の姿に重なる。

数字にも表れている。

学校や家庭から市の相談室に寄せられた相談は2012年度、約8千件。「だいじょうぶ」と市の相談室の情報共有が徹底された2011年度から倍増し、さらに2013年度は1万2千件を突破した。

子どもに着実な支援を届けられるという受け皿としての機能が、困窮した子どものケースを掘り起こす好循環を生み出している。


「欠食も見られなくなり、学校への遅刻も減っているようです」

2014年4月中旬。母子家庭で暮らす日光市内の小学生の女の子の近況を、市家庭児童相談室の相談員が要対協で説明した。

1年前の初夏。女の子は学校での遅刻が目立ち、時折食事も取れていない様子が見られた。それを気に掛けた学校から相談室に連絡があった。

相談員が母親に事情を聞くと、離婚した母親が夜働き出してから女の子の生活が乱れがちになったという。相談員は、ひとり親家庭向けの児童扶養手当や昼間の仕事を紹介した。

「今は女の子の状況が改善している」という報告だった。

生命を脅かすまでにはいかない比較的軽いケースにまで要対協の検討対象を広げ、早い段階でのアプローチを心掛けている日光市。担当する市人権・男女共同参画課の担当者は打ち明ける。

「児童虐待にまで当たらないケースにも支援が必要という思いは、NPOと一緒に仕事をすることで出てきたものなんです」

「だいじょうぶ」が発足したころから、畠山さんはこんな思いを抱いていた。

「虐待で一時保護が必要になるほど事態が深刻になる前に、何とかできないだろうか」

ひと口に育児放棄と言っても、その状況、程度はケースによってさまざま。虐待であるか、そうでないかの線引きは難しい。

でも子どもが置かれた状態だけを見れば、どのケースでも子どもが窮地に立たされていることに変わりはなかった。多くの場合、経済的な困窮があることも感じていた。

「虐待に当たるのかどうかばかりを考えていても仕方がない。とにかく、困っている子どもを支援しよう」

家事の苦手な母親のもとで、入浴がままならない中学生の兄と小学生の妹がいた。

「この子たちをお風呂に入れたい」

居場所「ひだまり」は、そんな発想から生まれた。

出会った当初は無気力で学力が低かった兄は、希望を持って高校への進学を果たした。

２０１４年4月下旬。「だいじょうぶ」は二つ目となる居場所を開設した。今度は母子の宿泊機能もある。

「困窮する子どもへの早い段階での直接支援は、児童虐待の予防にも効果を発揮している」

市も、そう手応えを感じている。

「虐待されていないか」から、「貧困にさらされていないか」へ。子どもへの目線が変わりつつある。

グロス・アラカワ・ハッピネス

１５０ページを超える冊子は、「あらかわシステム」と銘打たれている。

東京・荒川区のシンクタンク、荒川区自治総合研究所が「子どもの貧困や社会からの疎外」をテーマとして、２０１１年8月にまとめた最終報告書だ。

国が初めて「子どもの貧困率」を公表したのは２００９年10月のこと。

既に庁内にこの問題の検討委員会を立ち上げていた区は、国の公表と同時期に独自のシンクタンクを設立して研究を本格化させた。

今は、その報告書に基づいて取り組みを進めている。

始まりは西《にし》川《かわ》太《たい》一《いち》郎《ろう》区長が初当選した２００４年11月にさかのぼる。着任直後、「幸福度」の向上を打ち出した。

ＧＡＨ。グロス・アラカワ・ハッピネスを区民総幸福度の指標と位置付けた。

「幸福とは。ＧＡＨをどう示し、どう上げるのか」

庁内の検討では、壮大な命題へのアプローチを「身近な不幸を減らす」という観点に基づいて考え始めた。

未来の地域の担い手である子ども。大人に守られなければ生きていけない存在に、まず着目した。

非正規雇用やワーキングプアが増え、「格差」が顕在化し始めていた。

こうした社会情勢が子どもにどんな影響を与えているのか。

家庭の所得については担当課でつかむことはできても、実際に子どもたちがどう生活しているのかは見えてこなかった。

区職員が徹底して保育所や幼稚園、学校から聞き取ると、衣食住さえままならない子どもの姿が浮かび上がってきた。

さまざまな課題を抱えた61世帯のうち、42世帯に経済的困窮が見られた。その大半の37には、金銭だけでは解決できない複雑な家庭の事情が絡み合っていた。

区の子ども家庭支援センターは、困窮より児童虐待の視点を強く持って対応していた。

生活保護の担当課は、困窮家庭への問題意識はあっても子どもにもたらす影響には比重を置いていない。

学校は、家の中の事情までは分からなかった。

各課それぞれが、本来業務だけを考えていては断片的に状況が垣間見えるだけ。研究所の二神恭一所長はこう感じていた。

「『子どもの貧困』という視点を持って全体を見渡さないと、何も見えてこない」

◇　◇　◇

区は、子どもの貧困対策に関係しそうな施策すべてを洗い出した。生活保護、医療費助成、養育支援訪問……。１００近い施策が各課にまたがっていた。一つ一つ評価し直すと、支援に必要なメニューの多くが既にあることが分かった。

なのに、縦割り行政であるが故に生かし切れていない。

「支援にかかわる人と組織が重要になる」

２０１０年春。区は各部、主要課の長による「子どもの貧困・社会排除問題対策本部」を立ち上げた。

全庁を挙げた取り組みが始まった。

福祉関係の部だけではない。対策本部には、産業経済部、会計管理部まですべての部長が名を連ねている。

「1人でも不幸な子どもを減らす」

この目標の実現に向けた「あらかわシステム」の核だ。システムと言っても、本部以外に何か組織があるわけではない。子どもの貧困に対応する考え方の枠組みだ。

担当業務がきっちりと決められている公務員。

「本部による意識付けの意義は大きい」と総務企画課の片岡孝課長はつくづく感じている。

全庁横断的な体制が、「縦割り」の意識を越えていく。

「近くの家でライフラインが止められているようです」

2013年春。住民からの1本の電話が、生活保護の担当課に入った。

聞けば、「小さな子どもがいる家」と言う。

かつての体制であれば、職員は「本人に窓口に来るよう話してください」と伝えただろう。生活保護は申請が前提。本人が来なければ、支援にはつながれないままになってしまう。

しかし、すでに全庁横断的な対策本部が発足していた。応対したこの職員は、従来の職務の枠を超えて次の行動を起こす。

区の子ども家庭支援センターに連絡する。相談員がその家庭に何度も足を運び、見えてきた。

母親は離婚後、精神的に不安定になり何もできない。子どもたちは満足に食事もしていなかった。

一家は支援を受けることで、生活を立て直していった。


子どもの貧困に関する支援施策をすべて洗い出したからこそ、足りない施策がはっきり見えてくる。

区は、区内全小中学校で学習支援を始めた。スクールソーシャルワーカーや、離婚や養育費の相談に乗る担当者も配置した。ハローワークに同行し、履歴書の書き方も助ける就労支援課も設けた。

住民も動きだした。

養育の難しい家庭の子どもに食事や学習支援を提供する「居場所」を２０１4年5月、住民がボランティアで始めた。区は行政としての関わり方を模索している。

区への新たな児童虐待相談は２０１３年度、約２００件を数え、1年間で倍増した。

「虐待自体が増えたのではない。住民の意識が高くなっている」

子育て支援課の古瀬《ふるせ》清美《きよみ》課長は手応えを感じている。その半面、悩みも膨らむ。

やればやるほど、新たな支援ケースが掘り起こされ、対応していくと支援を拒まれるような難しいものも増えていく。

「既に現場は手いっぱい。どうしたら……」

歩みを進めると、また新しい課題が見えてくる。住民とともに試行錯誤し、次の対応策を探す。

古瀬課長は言う。「その取り組み方そのものが、あらかわシステムなんです」

◇◇◇

カレーライスが二つ、食卓に並ぶ。

日が暮れるころ。東京・足立区の山本恭子《やまもとやすこ》さん（63）＝仮名＝が、区内の小学校に通う低学年の児童のために腕を振るった。

保護者の事情で夜、児童はひとりで過ごさなくてはいけなかった。

山本さんが家を訪れ、世話を焼く。児童の話す学校の話に相づちを打ちながら一緒に食べた。

帰る時、児童は「また待ってるね」と言ってくれるようになった。

山本さんはこの家に、2013年春から区の「協力家庭」として通っている。

地域の中でわが子3人を育てた山本さん。区から「この子のために、温もりのある家庭の味を作ってもらえませんか」と頼まれていた。

協力家庭による「あだち・ほっとほーむ事業」は2002年度に始まった。有償ボランティアである協力家庭は元保育士ら約90人が担う。

区ではこのほか、保育園への送迎、学童保育後の一時預かりなどのファミリーサポート（ファミサポ）事業も行っている。

「食事の提供が必要な場合など、ファミサポだけでは支援が足りない家庭もある」と区こども支援担当課の富山《とみやま》耕生《こうせい》さん（36）は言う。

養育が難しかったり、経済的に困窮する家庭が対象になることが多く、「子どもそれぞれに合った支援を見極め、協力家庭に橋渡しをしています」。

主任児童委員などとして長年、地域の子どもと関わってきた山本さん。困窮する子どもの存在は分かっても、「ご飯、作ろうか」と言い出すことは難しかった。

山本さんは、ずっともどかしさを感じていた。ほっとほーむ事業が、行き場のないこうした思いを子どもにつないでくれている。

◇
◇
◇

2014年春、栃木県宇都宮市内。

門馬芳子《もんまよしこ》さん（63）はひとり親の困窮家庭で暮らすきょうだいの支援を続けている。アパートを訪ねては食べ物を届け、ともに調理し、たまには一緒に食卓も囲んでいる。

自分のことを「ただの世話好きのおばさん」と言う。ボランティア団体の活動に触れ、子どもの支援に携わるようになった。

1年半以上、きょうだいにかかわる中で感じている。

「困っているのはきっと、この子たちだけではないはずだ」

最近、仲間と一緒に衣食住の面倒を見ることができる「居場所」を作りたいと思うようになってきている。

場所の当てはある。人手も何とかなる。ただ困っている子どもがどこにいるのかが分からない。

「同じように思っている人って、結構いるんじゃないのかな」

子どもを包み込む地域の力。その萌芽は身近にもある。

第6章

母子家庭　就労8割・貧困5割

母子家庭の母親の就労率は8割を超えるのに、貧困率は5割に上る。生活保護受給やワーキングプアとなることを余儀なくされた母親のもとで、暮らしている子どもたちがいる。変わる家族や雇用の形に、支援制度の変化が追いついていない。第6章では、母親たちの苦境や子どもたちへの影響を通じて、支援制度の課題を探る。

抜け出せぬ生活保護

2014年春、長女は高校を卒業し、専門学校に進学した。二十歳を過ぎた長男は、アルバイトに通っている。

栃木県央部の母子家庭。母親の祥子《しょうこ》さん(45)=仮名=は思う。

「生活保護がなかったら……」

きっと子育てなんて、できなかった。生きていくことすらできなかったかもしれない。

離婚して、もう10年近くになる。その間はずっと生活保護に頼ってきた。でも後ろめたさがつきまとっていた。

「税金で食べさせてもらっている」

後ろ指を指されていないか。まるで「施し」を受けているような気持ちを持ち続けてきた。

「恥ずかしい」

生活保護を受けていることは、世間には隠しておきたかった。

◇◇◇

長男が幼稚園に通っていたころ。

「ママ友」と出かけた祥子さんと子どもたちが外で食事を済ませ、夫に弁当を買って帰った。

「こんなものを食わせるのか」

突然、激高した夫が包丁を持ち出した。

身がすくんで、助けを呼ぶことができない。脅える祥子さんの傍らで、幼い子どもたちが泣き叫ぶ。

言葉と身体的な暴力。祥子さんは夫からドメスティックバイオレンス(DV)を受け続けてきた。

結婚したころは優しかった夫。でも仕事を辞めてパチンコにのめり込み、借金を重ねるようになってから人が変わった。

もう耐えられない。

何度か子どもを連れて実家に帰ったが、その度に夫のいる「家」に戻った。

「ひとり親にしたくない……」

自分さえ我慢すればいい。子どもにかわいそうな思いはさせられない。

だが、そうやって第一に考えてきた子どもにも「異変」が表れてしまう。

長男は小学校高学年のころから、気に障ることがあるとテーブルのコップをひっくり返すようになった。スーパーではだだをこね暴れ回った。祥子さんにも手を上げるようになった。

ついには包丁も持ち出した。

「目の前でずっと暴力を見せられていたから、仕方がないのかもしれない」

長男はどんどん夫と同じような言動をするようになった。

結婚してから10年あまり、中学生になろうとしていた長男が、ふいに言った。

「パパと別れて」

「子どものために」と必死に我慢してきたのに、子どもたちを苦しめているだけだったなんて。

祥子さんは、ついに離婚することに決めた。

DV被害者の一時避難施設に駆け込んだ。

夫のもとを飛び出して始まった母子3人の暮らし。転校もあって長男の精神状態は不安定なまま。中学生になると不登校になった。

夫から逃げるためにパートの仕事を辞めた祥子さんにお金はなく、働かないと生きてはいけない。でも長男を家に残したまま、仕事に行くことは考えられなかった。

「子どもが落ち着くまでは、生活保護に頼るしかない」

祥子さんは生活保護を受けながら中学1年の長男、小学4年の長女とアパートで暮らし始めた。児童扶養手当なども合わせ月収は約20万円になる。楽ではなくても、おびえなくていい生活を手に入れた。

それから3年がたったころ。DVの影響とみられる長男の問題行動は落ち着いてきていた。

「やっと働ける」

祥子さんは、福祉施設で正職員を目指して働きだした。

しかし、今度は長女に異変が起こった。ストレスをためた長男に当たられながら育ってきた。中学校に入って、どうしても家から出たがらなくなり不登校になった。

祥子さんが朝、職場へ向かおうとすると、「行かないで」と泣いてすがられた。長女ひとりを部屋に残しておくことはできない。

また働けなくなった。

もちろん、祥子さんに「働きたい」という思いはあったが、「子どもが育つまでは生活保護を外れられない」とも感じていた。

非正規雇用の求人があふれ、若くはない自分の年齢も不安材料だった。もしフルタイムで働いたとしても、生活保護費と同じ程度の収入を得る自信はとても持てない。

生活保護を受けていると、現金支給という目に見える部分だけでなく、病気になっても医療費を支払わなくて済むという恩恵にもあずかれた。後ろめたさはあっても、生活は「安定」していた。

◇◇◇

「日本の生活保護は、十分とは言えないが一定の水準を給付している」と貧困問題に詳しい中央大の宮本太郎《みやもとたろう》教授は言う。

その一方で、生活保護という安全網の「外」で暮らす低収入者の状況は厳しい。最低賃金は低いまま。働いているのに困窮するワーキングプア向けの支援は手薄だ。

宮本教授が指摘する。

「収入が限られるとなると、『生活保護を受けた方がいい』と思ってしまうのも無理はない」

◇◇◇

祥子さんは、子どもたちが少し落ち着いたことで再び週1回、福祉施設のパートで働きだした。月給は1、2万円。親子3人が生活できる額ではないのに、金額はまったく気にならなかった。

週2、週3……。やりがいも出てきて、週5日働くまでに勤務日は増えていった。でも「ボランティアでやります」と月給は据え置いてもらっていた。

生活保護費で生活費は賄えるから。働く目的が変わっていた。

「仮に稼いでも、受けられる保護費が減額されるだけだし……」

生活保護の枠を超える収入でなければ、働いても働かなくても同じという現実がある。

低収入に苦しむ人を、生活保護の枠組みの「外」へと促す仕組みは不十分だ。

祥子さんは長女が高校を卒業したこの春、正職員になることを目指して別の福祉施設で仕事を始めた。子育てがようやく一段落し、これからは枠の「外」に出ようと考えている。

偏見恐れ「助けて」言えず

母子家庭が暮らす栃木県南部にある公営住宅の部屋には、テレビも、エアコンも、電話もない。

小学2年の女の子は放課後になると、仕事から帰る母親を部屋でひとり、待っている。

40代の母親・和恵《かずえ》さん＝仮名＝には、娘を学童保育に預けるお金のゆとりはない。

和恵さんはもともとは専業主婦だった。結婚後、夫からのＤＶに苦しめられ、離婚した。

かつては正社員の元夫を通して社会保障の「安全網」の中にいたが、網の外へ放り出された。養育費なども限られ、ギリギリの生活を強いられている。

数年前、支援者から生活保護の受給を勧められた和恵さんが地元の相談窓口を訪ねると、担当者から言われた。

「あなたは働けるでしょう」

担当者は義務的に言葉を重ねた。

「申請するなら、あなたの親や親戚にあなたを扶養できるかどうかを照会することになります」

困窮する暮らしぶりを親戚にまで知られたくない。

「まして、迷惑はかけられない」

あきらめるしかなかった。

職場にも、母子家庭であることは隠し続けている。離婚の理由を探られるのが耐えられない。

「そんな男と結婚したから……」。責められそうな気がして、怖かった。

◇◇◇

スティグマ――。

このギリシャ語は、貧困問題の研究者や支援者の間で使われている。不名誉で、逃れたいのに逃れられない社会からの烙印、偏見を意味する。県内で長年、DV被害者を支援するNPO法人「サバイバルネット・ライフ」の仲村《なかむら》久代《ひさよ》代表は身に染みている。

「支援制度はあっても、母子家庭や生活保護に対する無理解やスティグマが根強く、利用できない実態がある」


中央大の宮本教授は、担当窓口で受け付けを拒み受給者を絞り込む、生活保護の「水際作戦」の問題も指摘する。

「ごく一部の不正受給が騒がれ、生活困窮者の困難がかき消されてしまう」

厚生労働省は、低収入で生活保護を利用できる可能性がある世帯のうち、約7割が受給していないとの推計を示す。頼みの綱である社会保障制度にすがることが難しい社会の現実。スティグマが、生活困窮者の支援に影を落とす。

◇　◇　◇

蓄えも、車もない和恵さんは、自転車で通える近所でパートとして働いている。

給料は月7万円から10万円しかない。学校行事、娘の通院などのたびに仕事を休まなければならず、その分、給料は減る。雇用保険や社会保険には入っていない。失業すれば、児童扶養手当などのわずかな収入しかなくなる。

家計と子育て。二つを担う支柱はスティグマが絡み、あまりにももろい。

手薄な支援制度

「必要な時に間に合わないと意味がない。ありがたいんだけど……」

介護施設に正職員として勤務する栃木県栃木市の洋子《ようこ》さん（52）＝仮名。出産後まもなく離婚し、今は16歳になった娘と母子２人で暮らしている。月収は夜勤をしても20万円に満たない。家賃を支払うと生活にゆとりは持てない。

２０１３年３月。娘の高校進学に当たって、県の「母子寡婦福祉資金」の利用を申し込んだ。入学時、要件を満たせば一時金約40万円を無利子で借りられる。

娘は県立高を不合格となり、私立高に入学金などを納めなくてはならなかった。

支払いの期限は、もともと県立高の合格発表の翌日と決まっていた。一度に30万円ほどが必要。後日とはいえ、制服代も含めると必要な金額は50万円近くになる。

福祉資金が手に入るのは、申し込みの翌月末が基本。夏のうちから市役所の窓口に相談し、借りられる見通しは立っていたが、正式な手続きは進学先が決まるまで進まなかった。

私立高校単願であれば早めに申請できるので間に合うが、県立高の合否が分かってからでは福祉資金を受け取れるのが4月末になってしまう。

洋子さんに蓄えはない。でも、支払えないと娘を高校に行かせられない。

「もう、消費者金融で借金するしか手立てがない」

◇◇◇

窮地に陥った洋子さんは、宇都宮市の宮路《みやじ》順子《じゅんこ》さん（58）に相談した。

宮路さんは県内で長年、母子家庭支援を続けるNPO法人「コドモネットらくだーず」の代表を務めている。

「制度が対応しきれないのなら、洋子さんの境遇や思いに共感してくれる人たちの善意に頼るしかない」

宮路さんは数人の知人に呼び掛け、お金をかき集めて手渡した。

「だって、洋子さんは返せる見通しが立っている人でしょう」

福祉資金が「担保」。4月になれば、洋子さんの手にお金は入る。

洋子さんの娘はようやく私立高に入学することができた。授業料などは月3万円の無利子の奨学金で賄っている。


「同じ思いをしている母親は大勢いるんです」と宮路さんは訴える。

「進学費用なんだから前もって貯めればいい」と言われる。でも、目先のお金にきゅうきゅうとしている人は多く、保証人が見つけられずに母子寡婦福祉資金などの制度を利用できない人もいる。

一方で進学先が決まらないと、貸し出せない制度の理屈も宮路さんには理解できる。

「いくらかかるのか、はっきりしないと貸せないだろうし……」

たとえば高校側が入学費用の納金を待ってくれる、福祉資金などの緊急貸し出しの上限額を引き上げる……。

どんな方法だっていい。子を持つ母親に確実に支援が届くということ。

大切なのは、そんな「当たり前のはずのこと」だと宮路さんは思っている。

栃木県央部に住む30代の恵理《えり》さん＝仮名＝は、仕事を終えると急いで小学生の息子を迎えに行く。わが子の笑顔が見たくて、1日1日の仕事を乗り切っている。

10年ほど前に離婚、息子と2人、公営住宅で暮らすようになった。

数年前、別の仕事から介護現場のパートに転職した。「息子を保育園に預けられない週末に休める仕事」という唯一の条件に合っていた。

働き始めてから半年ほどたったある日。

「きょうは、どうしても休ませてください」

恵理さんは急に仕事を休んだことはほとんどなかった。でも突然、息子が39度の熱を出した。

女性上司からは、考えもしなかった返答が返ってきた。

「解熱剤を飲ませて保育園に預ければいい。割り当てた仕事をこなして」

ずっと子どもを第一に考えて働いてきた。それがかなわないなら続けられない。恵理さんは上司に、1カ月後の退職を申し出た。すると、それからは仕事を回してもらえなくなった。もともとフルで働いても月給は約13万円。それに児童扶養手当なども受けて何とか生計を立てていたのに、翌月の収入は2万円にまで減っていた。

◇◇◇

非正規労働が急増し、不安定な収入のひとり親世帯が増えている。

中央大の宮本教授は「シングルマザーへの支援は、子どもの貧困対策の中心的なテーマだ」と指摘する。

就労率が8割を超える一方で、貧困率が5割に達する母子家庭。

「一人一人がしっかり働き続けられる支援策を考えなければならない」

収入が激減し、生計が成り立たなくなった恵理さんは介護職の現場を離れ、自宅から車で30分ほどの電子機器関連工場で働きだした。まじめな仕事ぶりが評価され、正社員として現場責任者を任されるようになった。

この工場には、パート従業員は一定の人数を保てるなら従業員同士で休みを自由に調整でき、出勤時間も融通が利く仕組みがあった。離職を防ごうと取り入れられた仕組みだ。

パート従業員からの急な休みの申し出は、恵理さんがすべてメールで受け付ける。従業員は、夜中でも恵理さんに連絡しておけば安心して子どもの世話に専念できる。

ひとり親の母親や女性従業員が多い工場。不安定になりがちな出勤体制でも生産に支障が出ないのは、社長を含めて従業員がカバーし合う意識が根付いているからだ。

ここでは誰もが支える側であり、支えられる側でもある。

◇　◇　◇

恵理さんは理解ある職場で働くことができているが、ひとり親のための公的な支援制度は十分ではないのが現実だ。

恵理さんは、仕事を頑張れば頑張るほど公的支援で得られる手当の金額が減り、それに応じて公営住宅の家賃などの負担は増える。

ジレンマはつきまとい、自分が体調を崩したら家計や子育てが立ち行かなくなる日々に変わりはない。「まだ小さな息子に親の働く背中を見せたい」という思いが、かろうじて恵理さんを踏ん張らせている。

必要とする人に届く支援制度と理解ある職場。ひとり親と、その子どもを支えることができる仕組みはまだ、十分ではない。

第7章
英国の挑戦

英国はかつて、日本と同じように規制緩和などの経済政策のもとで格差が広がり、子どもの貧困率が欧州で最悪の水準にあった。1999年、当時のトニー・ブレア首相が「子どもの貧困撲滅」を公約に掲げてから、対策が一気に動き始めた。英国の対策は現在、どれだけの成果を挙げたのか。今、直面している課題は何か。第7章では、英国の挑戦から学ぶ。

ブレア宣言

2014年5月、ロンドンから鉄道で北東へ40分。低所得者層の多いイングランド東部ハートフォードシャーにあるアシュバレー児童センターは、小学校の敷地の一角に建つ小さな平屋だ。

昼下がりの太陽の光が差し込む一室で、幼い子を連れた親子7組が、音楽のリズムに合わせて体を動かしている。「リズム感が必要よ!」。インストラクターの女性は手をたたいたり、はねたりしてみせながら、声を掛ける。

経済的困窮などによって、生活に追われ、育児がままならない家庭は多い。センターは、子育ての方法を伝え、子どもの発達を促すプログラムを実施している。最近は料理教室も始めた。

対象は、就学前の５歳未満の子どもと保護者。５人のスタッフで地域の家庭を丸ごと支援する。

事務室の前の掲示板には、地域の求人情報が張り出してある。保護者の就労を後押しするためだ。「親が面接に行く時、ここで子どもを預かることもあります」とリーダーのサム・スタンプさん（45）が言う。

センターでプログラムを開くだけではない。スタッフが自宅を訪問して、借金やＤＶの相談支援に当たることもある。必要に応じて警察や医療機関など専門機関にもつないでいる。

英国内にはこうした児童センターが、貧困地区を中心に現在３千カ所以上設置されている。子どもの貧困対策の看板事業だ。

日本では、就学前の子どもを預かる保育所は整備されているが、英国とは異なり、「貧困」を強く意識して親まで含めて家庭を支援する発想は乏しい。

センターが広まることになった大きなきっかけは、1999年3月18日にさかのぼる。

「われわれの世代で子どもの貧困をなくす」

労働党のトニー・ブレア首相（当時）が、ロンドン市内で行った講演で発表した。いわゆる「ブレア宣言」だ。講演会に集まった貧困対策に取り組む団体の関係者や政治家、報道陣を前に、「今後20年で子どもの貧困をなくす」と約束する内容だった。突然の宣言は「驚きを持って受け止められた」と、当時内閣の一員だった労働党国会議員のフランク・フィールドさん（72）は振り返る。

ブレア政権は所得保障、親の就労支援、子育て支援を3本柱に据えた。

英国独自の「タックス・クレジット」で、子どものいる低所得世帯や就労する親に対する現金給付を手厚くした。その後、児童センターの設置をはじめとする子どもの貧困対策を次々と打ち出していく。

英国の子どもの貧困率は、ブレア宣言の1999年以降、2011年までに26%から17%に下がり、9ポイント改善した。およそ110万人の子どもが貧困から抜け出したことになる。

アシュバレー児童センターで11カ月の末っ子とリズム体操に参加した母親シェリル・ニコラスさん（32）の子どもは４人。「家計が大変では？」と尋ねると、ニコラスさんは事もなげにこう言った。

「特に問題はないわ」

◇◇◇

「ブレア宣言が作られた経緯は、今も明らかにされていないんです」

ロンドンを拠点に、子どもの貧困対策に取り組む民間団体チャイルド・ポバティ・アクション・グループ（ＣＰＡＧ）のティム・ニコラスさん（40）は言う。

１９８０年代以降、マーガレット・サッチャー首相が率いた保守党政権は大規模な規制緩和を進め、市場原理主義を重視。国有企業の民営化にも踏み切った。

それに伴い、英国の失業率は徐々に悪化していく。さらに、離婚やひとり親が増加し、いつの間にか、子どもの貧困率は27%に達して欧州で最悪になっていた。

そうした国民の不満を追い風に1997年、労働党が総選挙で保守党に圧勝し、ブレア氏が首相に就いた。宣言はその2年後のことだった。

ニコラスさんは「政権交代から時間がたち、国民受けする政策を打ち出したかったのでしょう」と推測する。

◇ ◇ ◇

英国の子どもの貧困をめぐる研究、運動には蓄積がある。

1965年、子どもの貧困問題に取り組む研究者を中心にCPAGが結成され、研究成果を基に自治体職員に研修会を開いたり、政策実現のためのロビー活動を続けている。1970年代にすべての子どもを対象とした「児童手当」の導入もけん引した。教会の活動から発展し、子どもの支援に取り組む慈善団体も数多い。

ブレア宣言は、こうした民間組織の運動に火を付けた。

ＣＰＡＧをはじめ１５０を超える団体が「なくそう子どもの貧困」という名のネットワークをつくり、連携して全国でキャンペーンを展開した。「子どもの貧困を半減させる」という政府の中間目標の達成が危ぶまれた２００８年には、「約束を守れ」をスローガンに掲げて、１万人もの人々がビッグベンがそびえる国会議事堂前からトラファルガー広場までデモ行進した。「この運動の中で『子どもの貧困法』を作ろうというアイデアが生まれたんです」とニコラスさん。ブレア宣言には法的根拠がなく、約束が反故にされるおそれもあったからだ。

英国では伝統的に政権交代が行われている。対策を継続させるには、与野党の垣根を超え幅広い支持を取り付ける必要がある。ニコラスさんは、当時野党だった保守党議員らを昼食に招くなどして、頻繁に議論した。いわゆるロビー活動だ。報道機関への情報提供も日常的に行っている。

英国の家族政策に詳しい大阪市立大大学院の所道彦教授は「子どもの貧困対

策に対する国民の関心の高さの背景には、政府の取り組みだけではなく、民間団体の活動やそれを伝えるメディアの存在がある」と話す。
２０１０年の「子どもの貧困法」の成立は、国民を巻き込んだ運動の成果だった。

◇◇◇

英国の「子どもの貧困法」は、２０２０年までに子どもの貧困に関する数値目標の達成を政府に義務付けている。数値目標は①子どもの相対的貧困率（10％未満）②低所得かつ物質的豊かさに欠けた状態の割合（５％未満）③絶対的貧困率（５％未満）④継続的貧困率（目標値は２０１５年までに決定）―の４項目。

英国の場合、①の相対的貧困率は「標準的な所得額の60％未満」の低所得世帯に属する子どもの割合と定義しており、「標準的な所得額の50％未満」とする日本よりも、貧困層を広く捉えている。英国の２０１１年の子どもの貧困率は17％で、およそ6人に1人の割合。これを日本の基準で計算すると9％になり、日本の16・3％（2012年）を大きく下回る。英国政府の子どもの貧困対策室によると「生活が困窮する所得水準として、英国に限らず他の欧州諸国も60％未満を貧困線として採用している」という。

②の「物質的豊かさ」は、日常生活に必要な物の充足度を測る「物質的剝奪」指標が使われる。「新鮮な野菜や果物を毎日食べられているか」「冬のコートはあるか」などの項目に基づき調査する。こうした調査方法は、英国での貧困研究の蓄積による成果で生まれた。

③の絶対的貧困率は、毎年の相対的貧困率とは別に、2010年の所得水準を基準に比較する。④の継続的貧困率は、3年以上連続して相対的貧困状態にある子どもの割合を指す。

これらの複数の項目を合わせて、より貧困の実態を捉えられるよう、工夫されている。

この法に基づき、政府は対策の進行状況を毎年国会に報告し、目標達成のための「戦略」を3年ごとに策定する。政府の取り組みを監視する第三者機関「社会的流動性と子どもの貧困委員会」も設置された。

◇◇◇

ロンドン・キングスクロス駅から鉄道で北へ2時間半。ダーリントンはイングランド地方の中で貧困率の高い北東部にある地方都市だ。

ダーリントン駅から歩いて数分、市役所で市民サービス部長マリー・ローズさん（57）を訪ねた。イングランド北東部の自治体や民間団体、大学で構成する任意団体「北東部子どもの貧困委員会」の委員長も務める。

「子どもの貧困法の成立が、不況と重なってしまったからね……」

2008年のリーマン・ショックから続く景気低迷から地域が抜け出せないまま、2010年に成立した貧困法の効果を感じられずにいる。

市財政に対する国の補助金は4割カットされた。そのためかつて無料だったサービスを有料化したり、廃止したサービスもある。ローズさんは「福祉手当やサービスが削られているのに、雇用は増えない。苦しむ人を助ける手段がないんです」と頭を抱える。

現政権の緊縮財政が影を落とし、子どもの貧困対策は「揺り戻し」の時期を迎えている。

◇◇◇

子どもの貧困法成立の2カ月後、労働党に代わってデビッド・キャメロン首相が率いる保守党と自由民主党の連立政権が誕生した。

子どもの貧困対策を強化した労働党政権時代に積み上がった財政赤字は1490億ポンド（26兆円）にも上る。キャメロン政権は、5年間で9割を減らす方針を打ち出した。

すべての子どもに平等に支給されていた児童手当に初めて所得制限を設け、低所得者向けの「就労タックス・クレジット」の現金給付もカットした。両方合わせて2014年までに計180億ポンド（3兆円）削減する計画だ。

こうした経済的支援策の見直しの影響で、英国の子どもの貧困率は2020

年には22％に悪化するという民間研究機関の試算もある。

「このままでは子どもの貧困が増えてしまう」

貧困法に基づき設置された第三者機関「社会的流動性と子どもの貧困委員会」は2013年の報告書で、子どもの貧困を削減する目標が達成できないおそれがあるとして、政府に警告した。そして子育てや教育、雇用対策を強化するよう提言した。

委員会には法律の目標達成に向けて政府の進行状況を監視し、助言する役割がある。委員は国会議員や民間支援団体、企業、研究機関などの代表者ら計10人だ。

しかし政府の反応は鈍かった。委員会事務局は「政府は問題点は認めたが、私たちの示した解決策には費用がかかることもあって、同意しなかった」と説明する。

◇
◇
◇

労働党内にも現金給付の拡充には慎重論がある。

「現金は重要だ。しかし、それだけが論点ではない」。第1次ブレア内閣で福祉改革担当閣外相を務めたフィールドさんが言う。

フィールドさんの調査によると、2007年までの8年間に給付したタックス・クレジットは1340億ポンド（23兆円）に上る。貧困状態の子どもは60万人減ったが、280万人の子どもはなお貧困から抜け出せていない。

「これでは財源が底をついてしまう」

かつてCPAGの幹部として現金給付の重要性を訴え、児童手当の導入にも貢献したフィールドさんだが、長年の取り組みを経て、考え方が変わったという。

「相対的貧困率は子どもの数だけを切り取った指標でしかない。それよりも、子どもが貧困から抜け出せるよう、子どもの人生の可能性を広げる指標をつくり、その成果を測るべきだ」

2010年、キャメロン首相の依頼を受けて、子どもの支援者や大学の研究者に調査を行い、報告書を提出した。「貧困の連鎖を断ち、人生の可能性を広げるには、幼少期の支援が重要」とする内容で、出生時の保護者の健康状態や、3歳前後の発達状況や家庭環境に関する指標を示し、その改善のための対策を進めるよう促した。

子どもの貧困対策が揺れ動く英国。厳しい財政事情をにらむ環境は、日本にも共通している。

将来への投資

保守党・自由民主党の連立政権下で歳出の25％削減を掲げ、児童手当など現金給付をカットする英国政府。「子どもの貧困対策は後退した」との指摘もあるが、それでも教育費予算は削らず、むしろ拡充した制度もある。

イングランド地方でも貧困率が高いといわれる北東部の自治体、ノースタインサイドのコリンウッド小学校。保育所も併設し、3歳から11歳の約360人が通っている。

「最近は3歳になっても、おむつが取れないまま来る子もいるんです」

ジェームス・クリンソン校長（60）は、貧困家庭の親が生活に追われ養育がままならない現実を感じ取る。

地域には、親が無職だったり収入が不安定だったりする家庭が多い。特にこの2年は食べ物や光熱費などの値上がりに加え、国の住宅手当の削減も、こうした家庭に追い打ちを掛けた。

そんな中、コリンウッド小は2011年から、発達や学習が遅れがちな子どもたちにより手厚い支援ができるよう、「学習指導員」を1人から3人に増やした。

「ピューピル・プレミアムでね」

ピューピル・プレミアム、訳すと「児童特別補助」。親が無職か低収入の児童の数に応じて、政府が学校に交付する補助金のことで、制度自体も2011年度に導入された。過去6年間に経済的理由で学校給食費が免除された16歳までの児童の人数に応じて、1人当たり年1900～935ポンド（約33万～16

万円）を交付する。

学校はピューピル・プレミアムを使って、経済状況が厳しい子どもとそうでない子の意欲や学力の「格差」を埋めるよう求められる。成果は毎年、報告し、成功例は全国の学校で共有できる仕組みになっている。

2014年度はコリンウッド小児童の半数以上が対象となり、総額約21万ポンド（約3600万円）が交付されている。

増員された指導員らが個別指導や補習をしたり、相談に乗ったり。家庭の問題があれば関係機関と連絡を取る。放課後に学校で宿題を済ませる「宿題クラブ」もある。

恩恵を受けるのは貧困家庭の子だけではない。課外活動の参加費は、親の所得に関係なく全員無料にした。始業前に朝食を提供する「朝食クラブ」にも、希望者全員が参加できる。

クリンソン校長は「児童全体が利益を得られるようにしたいんです」と言う。そうすることで、貧困家庭の子も負い目を感じることなく参加できるようにする狙いがある。

◇◇◇

日本には、経済的に厳しい小中学生に対して給食費や学用品代を補助する就学援助制度がある。しかし「三位一体改革」によって、国の補助金は削減され、対象者の基準には市町村間で開きが出ている。教育への投資を重視する英国とは対照的だ。

「英国の子どもの貧困対策には将来の社会への投資という意識が浸透している」と大阪市立大大学院の所教授は指摘する。

貧困の中で育った子どもが無職になったり、病気になったりした場合のコストは、年間で最大２０７億ポンド（３兆６千億円）にも上る――。

民間研究機関のこんな調査結果が、英国では官民で共有されている。

公正な社会追求

英国の冬は厳しい。

「イート・オア・ヒート」。訳すと「食べるべきか、暖まるべきか」。冬になると、経済的に厳しい家庭は、この切実な選択を迫られる。特にここ数年の燃料費の高騰は、貧困世帯の生活をより一層、苦しめている。

ロンドンに本部を置く子ども支援団体ザ・チルドレンズ・ソサエティが2013年、ある調査結果をまとめた。

「この冬、寒い家で過ごした子どもは190万人に上る」

英国には低所得世帯の負担軽減を図るため、燃料事業者が実施する暖房費割引制度がある。ところが割引きを受けられるはずなのに、制度を知らないために申請していない人が多く、申請手続きも煩雑だという。そうした申請漏れの世帯数を推計した結果だった。

低所得者でも年金生活者の場合は、自治体が本人に代わって燃料事業者に申請手続きを行うため、漏れがない。しかし子どものいる低所得世帯は別だ。

同団体の政策責任者、サム・ロイストンさん（30）は「公平性に関わる重要な問題」と考え、調査をしたと話す。「私たちが支援する家庭は、光熱費を払うのに苦労している。だから割引があると、とても助かるんです」

２０１４年1月、ソサエティは子どものいるすべての低所得世帯が暖房費の割引を受けられるように求めるキャンペーンを始めた。

ロイストンさんたちは、一度縮小された公立校の給食無料化の拡大を求め、イングランド地方の公立小学校低学年の全員に拡大させた実績がある。

ここ数年はワーキングプア世帯の子どもの増加を背景に、ソサエティのような数多くの民間団体が法定の最低賃金を上回る「生活賃金」（リビング・ウェイジ）を支払うよう雇用主に求める運動を、自治体や政治家も巻き込んで全国で展開している。

◇　◇　◇

運動に共通するのは、人生で成功する機会をすべての子が持てる「公正な社会」を目指している点だ。

賃金水準や福祉、住環境、子育て支援など社会の仕組みを改善することで「公正」を追求する意識は、子どもの貧困対策に取り組む人々に根付いている。「子どもの貧困は親のせい」という自己責任論は英国国民の中にもある。「もしそうなら……」とCPAGのニコラスさんは反論する。「英国の子どもの貧困率が北欧諸国より高いのは、英国の親が悪いから、ということになる」

日本でも子どもの貧困対策を進めるための法整備も始まった。

所教授は「水準はともかく、日本の教育や保育、経済的支援などの制度の枠組みにおいて、英国と比べて何かが決定的に欠けているわけではない」と言う。「違うのは社会における『貧困の理解』。日本は子育ては親の責任というイメージが強くて、介護保険制度などが取り入れられた高齢者分野と比べると、次の世代をどうするかという議論が不足していた」

かつての英国と同じように、離婚の増加や雇用の流動化が進んでいる。「日本は確実に英国の後を追っている。英国から学べることは多い」

子どもの貧困問題に直面し試行錯誤する英国。厳しい財政運営を迫られ、現金給付の削減など後退したと指摘される面もあるが、民間組織による活動は止まらない。

◇　◇　◇

イングランド北東部のニューカッスル。

地元の子ども支援団体チルドレン・ノース・イーストは２０１１年、国会議員らを対象に、貧困地区で暮らす子どもたちが撮った写真の展示会を開いた。

空っぽの冷蔵庫、靴底に空いた穴、ブランコの椅子がなくなった公園、ごみが散乱した道……。

大人の目線になりがちな子どもの貧困対策。写真展を担当した職員のサラ・ブライソンさん（35）は「子どもの目線で考えてほしかった」と訴える。

制服が買えない、校外活動に参加できない、いじめられる……。地域内の学校を回り、子どもの声に耳を傾ける新しい事業も始めた。学校で子どもたちと、貧困について考え、どうすれば公正な社会になるかを話し合う。

「大人の意見よりも、子ども自身の声を聴くことの方が、対策の原動力になるはずです」

※文中のポンドは1ポンド172円で計算（2014年6月時点）。

最終章

五つの提言

下野新聞　子どもの希望取材班は、すべての子どもが希望を持ちながら大人になれるよう、五つの提言をまとめた。

この提言は、貧困の中にいる子どもや親、支援者、識者らに事態改善のための方策を尋ね続けた集大成だ。

子どもの貧困対策推進法がうたうように、生まれ育った環境に左右されず健やかに育つことは子どもの当然の権利。貧困によって子どもが能力を発揮できないことは、本人だけでなく、社会にとっても大きな損失となる。

私たちの社会には、親だけが子育てを担い「貧困は親のせい」という自己責任論があるが、それでは解決できない。社会や地域も担い手であるという意識に転換し、社会保障の負担増という「痛み」を覚悟しても、対策を進めるべきだ。議論を呼び掛けたい。

提言1
見えにくい「子どもの貧困」、その存在の認識を
――子どもの貧困に目を向けて、子どもが健やかに育つ権利を社会全体で守ろう――

「お金がない」だけではない。子どもから進学の機会や自尊心までも奪う現代の貧困。その中で生きている子どもは6人に1人いる。

第2章で、栃木県央部の中学2年生だった祐汰君を取り上げた。母子家庭の3人きょうだいの「お兄ちゃん」。

母親が仕事で家にいない夜、弟や妹のために親代わりをする祐汰君も本当は心細い。勉強が手に付かず、成績は下降線をたどった。だからといって、塾に通うお金はない。祐汰君は、学費がかさむ私立高への進学は無理なことを痛いほど感じていた。

自分の進路への希望を見出せず、学ぶ意欲が揺らいでいった。

「親がいなくても勉強することはできる」という理屈を押し付けるのは酷だ。

母子家庭の集まりで祐汰君と話していると、記者の子と同じ中学校に通っているいることが分かった。

「身近にいるはず」と手探りで始めた取材。「いる」という実感が加わった。

貧困の「見えにくさ」を突き付けられた。


第4章で取材した、生活保護の母子家庭で暮らす栃木県北部の高校1年の兄と小学5年の妹。

料金を支払えずに水道を止められた。家のトイレは使えず、妹は小学1年までおむつ。ごく基本的な生活習慣が身に付いていなかった。

一家は孤立していた。

兄妹を支援する「だいじょうぶ」の畠山由美さんは、手助けをしたいと家事が苦手な母親に支援を申し出たが、拒まれ続けた。

自らも生活保護家庭で育った母親。長い間、「努力が足りない」という世間の目にさらされてきた。「ずっと責められている気持ちで生きてきたんじゃないでしょうか」と畠山さん。

第6章では、小学2年の娘のいる栃木県南部の40代の母親が取材に応じてくれた。「なぜ離婚?」と問われること自体を責められていると感じ、職場には母子家庭であることも隠し続けていた。

生活保護の受給にも、親戚などに扶養できるかどうかの照会が必要になる。女性は「貧しいと知られたくない」と申請をあきらめた。

不名誉で逃れられない烙印や偏見を意味する「スティグマ」。それが私たちが生きる社会や、困窮する子の親自身にもある。

だから、身近にあるのに見えてこない。

貧困の原因とは——。

第7章の取材。英国の子ども支援団体のティム・ニコラスさんが訴えた。

「もし親のせいだというのなら、英国の子どもの貧困率が北欧よりも高いのは、英国の親の方が悪いからということになる」

まして、子どものせいであるはずもない。

畠山さんから問い掛けられた言葉がずっと耳に残っている。

「子どもの貧困を放置することは、社会による虐待だと思いませんか」

提言2
発見、支援の最前線の充実を図れ
――各市町村は「虐待」だけでなく「貧困」の目線も持ち、早期発見し対応を――

見つけて、支援する。

貧困の中にいる子どもをすくい上げるには、支援の「好循環」を生み出すことが鍵を握る。

その切り札の一つが、子どもの衣食住や、その親までも支援できる「居場所」だ。

2014年6月。日光市内の「ひだまり」を訪ねた。

第4章で取り上げた高校1年の佑樹君。期末テストに向けて勉強をしていた。

かつては高校進学など、とても考えられない暮らしを強いられていた。

生活保護を受けるひとり親の母親は家事が苦手。住まいは、まるでごみ屋敷で、水道は止められ、トイレが使えないほどだった。佑樹君は食事をほぼ学校の給食に頼っていた。

それでも、母親は家の中に第三者を入れる支援をかたくなに拒んだ。「だいじょうぶ」が「連れ出して支援する」という発想でつくったのが「ひだまり」。食事を出し、風呂に入れて、服の洗濯までしている。

落ち着き、自尊心が芽生えた佑樹君は、「料理人になる」という夢を口にするようになった。

◇◇◇

学校などは、子どもが過ごす時間が長い分、貧困にあえぐ子どもを見つける最前線になる。

第5章で取材した栃木県高根沢町の小学校教諭は「学校は貧困などに気付いても家庭の問題には踏み込めない」と吐露した。多忙な上、福祉の制度などのことはよく分からない。

そこで、町が活用しているのがスクールソーシャルワーカー（ＳＳＷ）だ。その役割について、県内のＳＳＷ研究会代表の土屋《つちや》佳子《よしこ》さん（48）は「学校から情報を得て、家庭、福祉、地域とつなぐ橋渡し役」と説明する。

既に各市町にある要保護児童対策地域協議会の役割も大きい。市町関係課や児童相談所、警察、学校などが情報を持ち寄り、支援を考える場だ。

児童虐待から子どもを救う観点で始まったが、日光市は「虐待の予防にもなる」と考え、視野を「貧困状態にないか」にまで広げている。

その視線の先に、定着している「ひだまり」などの支援がある。

支援に結びつくことが分かっているから、みんなが見つける、掘り起こす。

これが、好循環の流れだ。


県内の居場所、ＳＳＷはまだ限られており、拡充は急務だ。でも一朝一夕にはできない。

いち早く子どもの貧困対策に取り組んできたのが東京・荒川区。子どものショートステイ、養育支援訪問……。貧困対策に関係しそうな施策を洗い出すと、メニューの多くが既にあることが分かった。

重要なのは「視点」。

足立区では、地域から募った協力者が養育の難しい家庭を訪ね、子どもを支援している。

自治体ごとに支援の形は違ってもいいはずだ。できることはある。

提言3　教育費の負担を軽減し、学ぶ意欲を支えよう
――希望するすべての子どもが高校に進学できるよう、全市町村で学習支援を行うとともに、経済的支援の拡充を――

高校受験は誰でもできる――。それが当たり前でない状況をも、貧困はもたらす。

栃木県内全体の高校進学率は98％を超える。しかし、下野新聞社の調査によると、生活保護受給家庭の子どもは84・2％にとどまっている。

その差約15ポイントの中にいる子どもに一体何が起きているのか。

母親が深夜まで働き詰めで、弟、妹と子どもだけで過ごす不安から勉強が手に付かなかった祐汰君。

学費が高い私立高には進学できない。「県立高に合格しなければ、高校には行けないかも……」。不安が膨らんだ。「勉強しても仕方がないのかな」

塾に通う経済的な余裕もなかったため、母親から「ボランティアで勉強を教えてくれる場所がある」と聞くと、即答した。

「行くっ」

学習支援を受けて「勉強が分かる」と感じられ、「頑張れそう」と思えるようにもなった。

宇都宮市の父子家庭に暮らす16歳の少年。定時制高校に進もうとしたこともあるが、高校には通っていない。進学のことなど頭にないように、求人情報誌をめくり続けていた。

学習支援は、学ぶ意欲を支えるために速やかに全市町村で行うべきだ。

「結局、お金がないと、どうにもならないじゃないですか」

第2章で取り上げた栃木県北部でアルバイトを掛け持ちして家計を担う由衣さんは、記者に言った。定時制高校の3年だった。

全日制高校も合格圏内だったのに、ひとり親の母には制服代などが支払えなかった。定時制高校に入り、「進学のため」と寝る間も惜しんで働いて、心身ともに追い詰められた。

授業料を支払えず、私立高を卒業目前で中退した宇都宮市の女子生徒もいた。

政府総支出に占める教育費の割合は、先進諸国で最低水準。その分、家計に負担がのしかかる。教育支出について、拡大する方向での議論が必須だ。

◇◇◇

子どもの貧困対策の先進地、英国。「教育は貧困の連鎖を断ち切ることができる」という意識が対策に携わる人々に共通していた。だから、戦後最大の財政赤字を抱えていても、教育費だけは削っていなかった。

小中学生に給食費や学用品代などを補助する日本の就学援助制度は、市町村間で格差が生まれている。

大学生なども含めて奨学金は給付、無利子型が少なく、有利子型だけが増え続けている。制度の利用で融通が利かず、「必要な時に間に合わない」という声も絶えない。

母子家庭を支援する宇都宮市の宮路順子さんは願う。

「どんな方法でもいいから、子どもが学校に行けるように」

教育への投資は将来への投資。その枠組みづくりは急務だ。

提言4　現金給付の拡充による所得保障は急務

――ワーキングプア世帯への支援を重視し、所得再配分後の貧困率「逆転現象」を解消せよ――

「ばらまき」という批判が強い現金給付だが、それでしか対応できないこともある。

第6章で取材した栃木県南部の母子家庭。40代の母親は、月7万から10万円のパート収入とひとり親向けの児童扶養手当で生計を立てているワーキングプア世帯だ。家にエアコンやテレビはない。国民健康保険料など年額20万円近くを一括で支払う。

家賃の支払いが滞ったり、子どもの部活の出費に窮したりする家庭も多い。子ども向けの物やサービスの提供だけでは、生活の多様なニーズに応えられない現実が確かにある。

◇　◇　◇

非正規雇用の急拡大によって一気に増えたワーキングプア。

貧困問題に詳しい中央大の宮本太郎教授は言う。

「一定の給付水準にある生活保護制度と比べて、ワーキングプアへの支援は乏しい。雇用や家族の形の変化に、社会保障制度が追いついていない」

生活保護の枠組みの「外」に対する支援はあまりにも手薄だ。支援の枠からこぼれ落ちるワーキングプアが、支援を最も拡充すべきターゲットになる。「母子家庭　就労8割・貧困5割」。第6章のタイトルは、それを表している。

こうした母子家庭が社会保障の「逆転現象」にさらされている。社会保障は格差是正につながるはずなのに、日本では所得の再分配後にむしろ子どもの貧困率が悪化する。この矛盾を解消するための手段が現金給付だ。「既存の児童手当を拡充し、低所得や貧困の影響を受けやすい未就学児がいる世帯を手厚くする、という方策もある」

国立社会保障・人口問題研究所の阿部彩部長は、ばらまき批判を踏まえ「高所得者からは、その分、税金や社会保険料を徴収すればいい」と説く。

児童扶養手当の拡充や、一定水準までは働くほど収入が増えることで就労意欲につながる「給付付き税額控除」も選択肢だ。

◇◇◇

子どもの貧困対策には、お金がいる。だが国財政は厳しく、私たちは「痛み」を覚悟する必要がある。

連載中、取材班に「第2章で紹介された母子家庭に寄付してほしい」と数万円が届いた。

報道の公益性から個別の橋渡しは控えていたが、匿名の寄付で返すことができなかったので、頼まれた通りにひろみさん母子に手渡した。

ひろみさんは「すごくありがたいし、正直ほしい。けど苦しいのはうちだけじゃない」と低額で子どもに学習支援する団体への寄付を申し出た。

団体には「勇気を出して新聞に載ったのはひろみさんだから」と受け取ってもらえなかった。

「お守り」として今も、ひろみさん宅の居間にある。

限られたお金を分かち合う発想。「痛み」を覚悟することと重なった。

提言5　政治や自治体のリーダーシップ発揮を
――「民」の潜在力を引き出し、官民一体の支援体制の構築へ、リーダーシップが鍵――


多くの自治体が直面する現実がある。

第5章で取り上げた母子家庭の小中学生のきょうだいは、小山市の古い民家で暮らす。

子どもたちは食事を満足にできていない。窓ガラスは割れたまま。料金を支払えず、電気を止められたこともある。

窮状に気付いた民生委員だった女性は、何度も市に相談した。

でも、子どもたちの置かれた状況は児童虐待までには当たらない。公務員は担当業務が決められ、この家庭だけ特別に支援すれば不公平になる。

民生委員、地区社会福祉協議会も一時的には支援したが、十分な手を差し伸べられなかった。

連載が終わった3カ月後の2014年9月、小山市の大久保寿夫市長は市議会で、市独自の「子どもの貧困撲滅5カ年計画」を策定すると発表した。市内5カ所に「支援センター」を設けてソーシャルワーカーを配置し、子どものための支援拠点を整備するという。個人ではつくれない支援の枠組みをつくることこそ、政治と行政の役割だ。

◇◇◇

第7章で取材した英国。1999年の「ブレア宣言」から、子どもの貧困対策が一気に加速した。民間団体の研究や運動にも火を付け、官民一体の取り組みが盛り上がる。

10年あまりで子どもの貧困率は27%から10ポイント改善し、110万人の子が貧困から抜け出した。

東京・荒川区では西川太一郎区長が先導した。

会計など一見、子どもの貧困と関係のない部も含めて、すべての部長が名を連ねる「子どもの貧困・社会排除問題対策本部」を設置。貧困への意識を共有することで、行政の縦割りを越えていく。

地域などから区への児童虐待相談は急増した。その背後に貧困があることが多い。担当者は「虐待自体が増えたのではなく、住民の意識が高まった」と分析する。

「官」のリーダーシップは「民」を巻き込み、一体となって支援体制が充実されていく。

市とNPO法人が補い合い、支援体制をつくる栃木県日光市。

関係機関からの情報が集まる市は公的な支援制度につなぎ、NPO法人は衣食住まで機動的に支援する。相乗効果は大きい。

◇　◇　◇

「お金や食べ物を渡したい」

「学習支援のボランティアに協力できないか」

連載中、読者から支援の申し出が、下野新聞社に相次いだ。「衣食住を支援する『居場所』を作りたいが、対象の子がどこにいるか分からない」と悩む宇都宮市の女性もいた。

行き場のない「善意」がある。地域にあるこの力を生かさなければならない。子どもの貧困対策推進法に基づいた政府大綱ができ、都道府県も対策のための計画を作るよう求められている。

貧困の中にいる子どもに十分に手を差し伸べられていない現実を、決して放置することはできない。

一人一人の子どもが希望を持って育つ権利を守るために。

エピローグ　子どもの未来を考える社会へ

働いても困窮から抜け出せない。社会のひずみは子どもに向かう。

ひとり親のひろみさんは夜、仕事で家にいられず、長男の祐汰君が弟と妹の親代わりをしていた。

「うちは貧乏。でも、懸命に生きているんです」

ひろみさんは、自分たちの姿を知ってもらうことで、「社会を少しでも変えたい」と記者に言った。

「親の都合で子どもたちは不安な時間を過ごす。それでも、子どもに明るい未来があることを信じたくて」

託された、と感じた。

連載記事によって好奇の目にさらされないか。子どもたちがいじめられはしないか。より具体的な現実を伝える意味と、伴うリスク。祐太君も交えて何度も話し合い、「祐汰君」「ひろみさん」と実名で報道した。

現状を伝えるだけでは足りない。わずかでも、子どもが希望を持てる方向に社会を変えられないか。

取材で目にしてきたのは、「寄り添う」ということ。

日光市内の「ひだまり」で、小学5年の奈津美ちゃんが得意なおはじきで一緒に遊んだ。記者に負けて、「もう1回」と悔しがった。

2カ月前よりも、ちょっぴり背が高くなったように見えた。

奈津美ちゃんは小学校に上がってもおむつが取れず、登校班にも入れないでいた。

「ひだまり」を運営する畠山さんは、奈津美ちゃんがうまく用を足せなくても叱らない。お尻をきれいにして、学校に送り出した。

奈津美ちゃんに今は、友だちもいる。学校にはみんなで通っている。

育つ傍らには、いつも畠山さんがいた。

困窮し、家にこもっていた栃木県北部の大貴君たち兄弟のそばには、相談員・村上さんがいる。

兄弟を初めて取材した日、何を聞いても、ほとんど返事はない。時折、目を合わせるのがやっとだった。

支払いの滞納や子どもの不登校……。できない理由ばかりを問い詰められてきた母親は、ＳＯＳさえ出せなくなっていた。

村上さんは、避けられても繰り返し支援制度の手続きや就労を後押しした。課題を乗り越えるたびに母親の気持ちはほぐれて、兄弟も次第に学習支援の場やアルバイトへ外出するようになった。

記者が出会って半年。長男の大貴君には「高卒資格を取る」という目標ができた。弟は顔を上げ、和らいだ表情で、前よりも言葉を交わせるようになっていた。

村上さんは言う。

「責めるのでなく、何ができるか一緒に考え動くことが大事よね」

◇◇◇

「親が甘えているだけ」

連載中、支援を受ける親たちへの批判も寄せられた。メールを読み進めると、送り主も働いていても生活が苦しいひとり親で、やり場のない苦悩を抱えて孤立していた。同じような訴えは少なくなかった。

そんな社会で孤立し、寄り添われずに生きている子どもがいる。

貧困の中にいる子に寄り添い続けることは難しい。でも寄り添う心を持つことは、きっとできる。

今よりも子どものことを考える社会になるということ。

「希望って何ですか」

子どもから問われたら、そういう社会こそが「希望」なのだと答えたい。

いつか問い掛け自体のない日が来る、と信じたい。

本書は、下野新聞で連載された「希望って何ですか　貧困の中の子ども」に加筆・修正をして、新書化いたしました。本書に登場する人の年齢、肩書きは、連載当時のままです。

下野新聞《しもつけしんぶん》　子どもの希望取材班《こどものきぼうしゅざいはん》

下野新聞は1878年に創刊した栃木県の地方紙。子どもの希望取材班は、2014年1月1日から6月29日まで連載した大型企画「希望って何ですか　貧困の中の子ども」の取材・執筆を担当した。メンバーは青木友里、石田聡、岡田優子の3記者と山崎一洋デスク。

ポプラ新書
055

貧困の中の子ども

希望って何ですか

2015年 3 月 3 日 第1刷発行
2015年 3 月19日 第2刷

著者
下野新聞　子どもの希望取材班

発行者
奥村 傳

編集
藤田沙織

発行所
株式会社 ポプラ社
〒160-8565 東京都新宿区大京町22-1
電話 03-3357-2212(営業) 03-3357-2305(編集) 0120-666-553(お客様相談室)
FAX 03-3359-2359(ご注文)
振替 00140-3-149271
一般書編集局ホームページ http://www.webasta.jp/

ブックデザイン
鈴木成一デザイン室

印刷・製本
図書印刷株式会社

N.D.C.367/238P/18cm ISBN978-4-591-14458-9

生きるとは共に未来を語ること　共に希望を語ること

昭和二十二年、ポプラ社は、戦後の荒廃した東京の焼け跡を目のあたりにし、次の世代の日本を創るべき子どもたちが、ポプラ（白楊）の樹のように、まっすぐにすくすくと成長することを願って、児童図書専門出版社として創業いたしました。

創業以来、すでに六十六年の歳月が経ち、何人たりとも予測できない不透明な世界が出現してしまいました。

この未曾有の混迷と閉塞感におおいつくされた日本の現状を鑑みるにつけ、私どもは出版人としていかなる国家像、いかなる日本人像、そしてグローバル化しボーダレス化した世界的状況の裡で、いかなる人類像を創造しなければならないかという、大命題に応えるべく、強靭な志をもち、共に未来を語り共に希望を語りあえる状況を創ることこそ、私どもに課せられた最大の使命だと考えます。

ポプラ社は創業の原点にもどり、人々がすこやかにすくすくと、生きる喜びを感じられる世界を実現させることに希いと祈りをこめて、ここにポプラ新書を創刊するものです。

未来への挑戦！

平成二十五年　九月吉日　　株式会社ポプラ社